Dr. Oetker

Kochen für eine Person

Dr. Oetker Verlag

Dr. Oetker

Kochen für eine Person

[handschriftliche Widmung, teilweise unleserlich]

Viel Spaß dabei …

Weihnachten 2012

Kochen
für eine
Person

Was liegt näher als den wichtigsten Menschen im Leben – sich selbst – mit gutem Essen zu verwöhnen?

Mal schnell, mal sinnlich, mal mit Fleisch, mal vegetarisch, mal aufwendig, aber niemals eintönig. Hier haben wir abwechslungsreiche Rezeptvorschläge zusammengetragen, die dem Single-Dasein die richtige Würze geben und gute Laune am schön gedeckten Tisch verbreiten.

Auch als Einzelperson kann man sich etwas gönnen und sich am Essen freuen. So machen die Rezepte schon beim Durchblättern Lust, seien es Suppen, Snacks, Nudeln & Co. Vegetarisches, Fleisch & Geflügel, Fisch & Meeresfrüchte und zum krönenden Abschluss Desserts – und beim Kochen und Genießen erst recht.

Und wenn Single will, reicht es auch für zwei. Denn Liebe geht ja bekanntlich durch den Magen.

Alle Rezepte sind von Dr. Oetker ausprobiert und so beschrieben, dass sie garantiert gelingen.

20 Minuten

Für das Gurken-Shrimps-Sandwich:

50 g	abgetropfte Shrimps in Lake
1	Bio-Limette (unbehandelt, ungewachst)
1 EL	Limettensaft
50 g	fettarmer Frischkäse
	gem. Meersalz
¼	Minigurke
2 Scheiben	Sandwichbrot (etwa 40 g)

Für die Erbsen-Buttermilch-Suppe:

1	Schalotte
2 EL	Olivenöl
einige	getrocknete rote Chilibrösel (nach Geschmack)
200 ml	gute Gemüsebrühe (evtl. aus gekörnter Bio-Brühe)
75 g	TK-Erbsen
	gem. Meersalz
1 gestr. TL	Speisestärke
5	schöne Minzeblättchen
50 ml	Buttermilch
20 g	Pistazienkerne mit Schale, geröstet und gesalzen

Erbsen-Buttermilch-Suppe mit Gurken-Shrimps-Sandwich

1. Für das Sandwich Shrimps evtl. mit Küchenpapier trocken tupfen. Limette heiß abwaschen, abtrocknen, Schale fein abreiben. Limette halbieren, den Saft auspressen, 1 Esslöffel Saft abmessen, mit Frischkäse und etwas Salz in einer Schüssel verrühren.

2. Gurkenviertel abspülen, abtrocknen und mit der Schale in feine Streifen schneiden. Gurkenstreifen und Shrimps unter den Frischkäse mischen und auf eine Sandwichscheibe streichen. Mit der zweiten Sandwichscheibe belegen. Das Sandwich fest in Frischhaltefolie wickeln und etwa 45 Minuten im Kühlschrank durchziehen lassen.

3. Für die Suppe in der Zwischenzeit Schalotte abziehen, klein würfeln. 1 Esslöffel des Olivenöls in einem Topf erhitzen. Schalottenwürfel und Chilibrösel darin andünsten. Brühe hinzugießen, zum Kochen bringen und etwa 5 Minuten kochen lassen.

4. Gefrorene Erbsen hinzugeben, mit Salz würzen. Suppe wieder zum Kochen bringen und 3–4 Minuten kochen lassen. Speisestärke mit etwas Wasser anrühren, in die Suppe rühren, unter Rühren einmal aufkochen lassen. Minzeblättchen abspülen, trocken tupfen. Drei Minzeblättchen in die Suppe geben. Die Suppe sehr fein pürieren.

5. Die Suppe im kalten Wasserbad kalt rühren, dann die Buttermilch unterrühren. Die Suppe evtl. mit Salz abschmecken.

6. Pistazienkerne aus der Schale lösen, grob hacken und auf einen kleinen Teller geben. Das Sandwichbrot aus der Folie wickeln. Die Rinde abschneiden. Das Sandwichbrot einmal durchschneiden. Die Schnittstellen in die Pistazien drücken.

7. Restliche Minzeblättchen in feine Streifen schneiden. Die Suppe damit bestreuen und mit dem restlichen Olivenöl beträufeln. Die Suppe in eine Suppentasse geben und mit dem Gurken-Shrimps-Sandwich servieren.

Zubereitungszeit: 20 Minuten, ohne Kühlzeit
Garzeit: 8–9 Minuten

Pro Portion:
E: 27 g, F: 34 g, Kh: 42 g, kJ: 2441, kcal: 582, BE: 3,0

Zutaten:

1	Schalotte
1 Bund	Radieschen (250–300 g)
1 TL	Speiseöl
250 ml	Gemüsebrühe
	Salz
	gem. weißer Pfeffer
etwa 1 EL	frisch gepresster Zitronensaft
2–3 Tropfen	Worcestersauce

Schnell – raffiniert

Radieschensuppe

1. Schalotte abziehen und in kleine Würfel schneiden. Von den Radieschen die Wurzelenden und das Grün entfernen. Radieschen abspülen und trocken tupfen. 1 Radieschen in Scheiben, restliche Radieschen in kleine Würfel schneiden (etwas Radieschengrün und die Radieschenscheiben zum Garnieren beiseitelegen).

2. Speiseöl in einem Topf erhitzen. Schalottenwürfel darin goldgelb andünsten. Radieschenwürfel hinzufügen und kurz mitdünsten lassen. Gemüsebrühe hinzugießen und zum Kochen bringen. Die Suppe zugedeckt etwa 20 Minuten bei mittlerer Hitze kochen lassen, dabei gelegentlich umrühren. Anschließend die Suppe mit einem Pürierstab fein pürieren.

3. Beiseitegelegtes Radieschengrün abspülen, trocken tupfen und in feine Streifen schneiden. Die Suppe evtl. nochmals erwärmen. Mit Salz, Pfeffer, Zitronensaft und Worcestersauce abschmecken. Radieschensuppe mit beiseitegelegten Radieschenscheiben und Radieschengrünstreifen garnieren, heiß servieren.

Zubereitungszeit: 30 Minuten
Garzeit: etwa 20 Minuten

Pro Portion:
E: 3 g, F: 9 g, Kh: 6 g, kJ: 512, kcal: 122, BE: 0,0

Beilage:
Baguettebrot.

25 Minuten

Zutaten:

5 EL	TK-Erbsen
1 Prise	Zucker
200–250 ml	Gemüsebrühe
100 g	Lachsfilet (am Stück)
1 TL	frisch gepresster Zitronensaft
1 EL	Crème fraîche
1 Stängel	Dill

Raffiniert

Pürierte Erbsensuppe mit Lachs

1. Die Erbsen zusammen mit dem Zucker in einen Topf geben. Brühe hinzufügen, zum Kochen bringen und zugedeckt bei schwacher Hitze etwa 15 Minuten kochen lassen, bis die Erbsen weich sind.

2. In der Zwischenzeit Lachsfilet kurz unter fließendem kalten Wasser abspülen und trocken tupfen. Lachsfilet mit Zitronensaft beträufeln und in kleine Würfel schneiden.

3. Crème fraîche in die Suppe geben und alles mit einem Pürierstab fein pürieren.

4. Die Fischwürfel in eine vorgewärmte Suppentasse geben. Die heiße Erbsensuppe darübergießen und einmal umrühren. Dill abspülen und trocken tupfen. Die Spitzen von dem Stängel zupfen (1 Dillspitze beiseitelegen). Spitzen klein schneiden. Die Suppe damit bestreuen mit der beiseitegelegten Dillspitze garnieren.

Zubereitungszeit: 25 Minuten

Pro Portion:
E: 23 g, F: 14 g, Kh: 10 g, kJ: 1103, kcal: 265, BE: 1,0

Tipps:
Besonders kleine Mengen an Suppen kühlen relativ schnell aus. Deshalb – wenn möglich – die Suppe in einer vorgewärmten Suppentasse oder einem tiefen Teller servieren. Dafür etwas kochendes Wasser in die Suppentasse oder den Teller gießen, kurz darin stehen lassen und dann das Wasser weggießen. Statt Dill passt auch gut Petersilie oder Schnittlauch zur Erbsensuppe mit Lachs. Wenn es schnell gehen soll, die Suppe statt mit Lachsfilet mit 75–100 g in Streifen geschnittenen Räucherlachsscheiben oder etwa 50 g Krabben zubereiten. Beides jeweils kurz vor dem Servieren in die Suppe geben. Die Erbsencremesuppe ist – wie alle Gemüsecremesuppen – gefriergeeignet; allerdings ohne Einlage.

Variante:
Für **Erbsensuppe mit Croûtons** statt Lachs Croûtons (geröstete Weißbrotwürfel) auf die pürierte Erbsensuppe streuen. Croûtons gibt es fertig zu kaufen oder Sie bereiten die Croûtons selber zu.

25 Minuten

Zutaten:

250 g	Brokkoli
125 ml	Gemüsebrühe
125 ml	Milch (3,5 % Fett)
1 EL	Haferkleie-Flocken
	Salz
	gem. weißer Pfeffer
	ger. Muskatnuss

Leichte Brokkolicremesuppe

1. Vom Brokkoli die Blätter entfernen. Den Brokkoli in Röschen teilen, die Stängel am Strunk schälen und klein schneiden. Brokkoliröschen und klein geschnittene Stängel abspülen und abtropfen lassen.

2. Gemüsebrühe mit dem Brokkoli in einem kleinen Topf zum Kochen bringen und zugedeckt etwa 15 Minuten bei mittlerer Hitze garen. Anschließend alles mit einem Pürierstab fein pürieren.

3. Milch erhitzen. Nach und nach die Milch zum Brokkolipüree geben. Mit dem Pürierstab untermixen. So lange weiter pürieren, bis eine glatte Cremesuppe entstanden ist.

4. Die Suppe nochmals kurz aufkochen lassen und die Haferkleie-Flocken unterrühren. Die Suppe mit Salz, Pfeffer und Muskat abschmecken.

Zubereitungszeit: 25 Minuten

Pro Portion:
E: 11 g, F: 5 g, Kh: 13 g, kJ: 624, kcal: 149, BE: 0,5

Tipps:

Als schnelle Verfeinerungsidee die Suppe mit Krabben, Räucherlachsstreifen, fein gewürfelten Tomatenstückchen oder Knoblauch-Croûtons servieren und mit abgespülten, trocken getupften Dillspitzen garnieren. Brokkoli gibt es meist abgepackt als 500-g-Gebinde zu kaufen. Die Suppenmenge verdoppeln – die Hälfte der pürierten Gemüsesuppe (ohne Milch und Gewürze) in den Kühlschrank stellen oder einfrieren. Die kalt gestellte Gemüsesuppe innerhalb der nächsten 2–3 Tage weiter verarbeiten. Dafür die restlichen Zutaten hinzufügen, aufkochen und verzehren.

Variante:

Für **Brokkolisuppe mit Schmelzkäse** (für 1 Person) statt Haferkleie-Flocken etwa 50 g Sahne- oder Kräuter-Schmelzkäse nehmen. Den Käse unter Rühren in der pürierten Cremesuppe schmelzen. Die Suppe kurz aufkochen lassen und mit den Gewürzen abschmecken.

30 Minuten

Zutaten:

1–2	TK-Garnelenschwänze
250 g	Möhren
200 ml	Gemüsebrühe
1 EL	Sonnenblumenöl
	Salz
	gem. Pfeffer
	Saft von 1 kleinen Orange (entspricht etwa 75 ml Saft)
1 EL	Schlagsahne oder Crème fraîche
1 Prise	Zucker
einige Stängel	Kerbelblättchen
1 TL	geröstete, gehobelte Mandeln

Zum Dahinschmelzen

Möhren-Orangen-Suppe mit Riesengarnele

1. Garnelenschwänze nach Packungsanleitung auftauen.

2. Möhren putzen, schälen, abspülen, abtropfen lassen und in kleine Stücke schneiden. Möhrenstücke mit der Gemüsebrühe in einem kleinen Topf zum Kochen bringen und zugedeckt 15–20 Minuten bei mittlerer Hitze garen.

3. In der Zwischenzeit aufgetaute Garnelenschwänze kurz unter fließendem kalten Wasser abspülen und trocken tupfen. Sonnenblumenöl in einer Pfanne erhitzen. Die Garnelen darin von beiden Seiten anbraten. Mit Salz und Pfeffer würzen.

4. Die Orange halbieren und den Saft auspressen. Orangensaft mit Sahne oder Crème fraîche zu den Möhren in die Suppe geben. Alles mit einem Pürierstab fein pürieren. Möhren-Orangen-Suppe nochmals leicht erwärmen (nicht mehr kochen lassen), mit Salz, Pfeffer und Zucker abschmecken.

5. Kerbelblättchen abspülen und trocken tupfen.

6. Die Garnelenschwänze nach Belieben auf ein Holzstäbchen stecken. Die Suppe mit den Garnelen, den Kerbelblättchen und den Mandeln garniert servieren.

Tipps:

Wer es noch pikanter mag, schmeckt die Möhren-Orangen-Suppe zusätzlich mit 1–2 Prisen gemahlenem Ingwer ab. Sie können für dieses Rezept statt Kerbel auch Dill verwenden. Die Suppe nach Belieben mit 1–2 Teelöffeln gerösteten Sonnenblumenkernen, Pinienkernen oder Sesamsamen bestreuen.

Zubereitungszeit: 30 Minuten, ohne Auftauzeit

Pro Portion:
E: 8 g, F: 10 g, Kh: 19 g, kJ: 865, kcal: 207, BE: 0,5

Zutaten:

200 g	grüner Spargel
250 ml	Wasser
1 kleine	neue Kartoffel (etwa 50 g)
	Salz
	gem. Pfeffer
20 g	eiskalte Butter
3	Crevetten (Garnelenschwänze ohne Schale)

Beliebt

Spargelschaumsuppe von grünem Spargel

1. Spargel im unteren Drittel dünn schälen, die unteren Enden abschneiden. Spargel und Spargelschalen abspülen und abtropfen lassen.

2. Die Spargelschalen in einem Topf mit Wasser zum Kochen bringen und zugedeckt etwa 10 Minuten bei schwacher Hitze kochen lassen. Spargelschalen in einem Sieb abtropfen lassen, dabei das Spargelwasser auffangen.

3. Die Spargelstangen längs halbieren und quer in feine Scheiben schneiden. Spargelscheiben in das Spargelwasser geben, zum Kochen bringen, zugedeckt etwa 6 Minuten bei schwacher Hitze kochen lassen.

4. Kartoffel schälen, abspülen, abtropfen lassen und grob raspeln. Kartoffelraspel zu den Spargelscheiben in den Topf geben und weitere etwa 2 Minuten mitkochen lassen. Mit Salz und Pfeffer würzen. Den Topf von der Kochstelle nehmen. Die Suppe mit einem Pürierstab fein pürieren. Butter in Stückchen hinzugeben und unterrühren.

5. Von den Crevetten evtl. den Darm entfernen. Crevetten kurz unter fließendem kalten Wasser abspülen und mit Küchenpapier trocken tupfen. Crevetten in die heiße Suppe geben und kurz darin erwärmen.

Zubereitungszeit: 25 Minuten

Pro Portion:
E: 12 g, F: 18 g, Kh: 10 g, kJ: 1034, kcal: 248, BE: 0,5

Dazu passt:
Baguettebrot.

Variante:
Für **Spargelschaumsuppe mit weißem Spargel** (für 1 Person). Die gleiche Menge weißen Spargel verwenden. Spargel von oben nach unten dünn schälen, dabei darauf achten, dass die Schalen vollständig entfernt, die Köpfe aber nicht verletzt werden. Die unteren Enden abschneiden (holzige Stellen vollkommen entfernen). Den Spargel kurz abspülen und abtropfen lassen. Wichtig: Weiße Spargelstangen ebenso längs halbieren, quer in Scheiben schneiden und 7–8 Minuten in dem Spargelwasser garen.

Zutaten:

1	Tomate
1 kleine	Zwiebel
1	Knoblauchzehe
1 EL	Olivenöl
200 ml	Gemüsebrühe
1 Msp.	Zucker
einige	Safranfäden
150 g	Fischfilet nach Wahl, z. B. Kabeljau-, Seelachsfilet
125 g	frische, geschlossene Miesmuscheln oder Venusmuscheln (ersatzweise vakuumverpackt)
1 Stängel	glatte Petersilie
	Anislikör oder Pernod
	Salz
	gem. Pfeffer

Etwas teurer – mit Alkohol

Fischsuppe

1. Tomate kreuzweise einschneiden und mit kochendem Wasser übergießen. Nach 1–2 Minuten herausnehmen und mit kaltem Wasser abschrecken. Tomate häuten, halbieren und den Stängelansatz herausschneiden. Tomate in Streifen schneiden.

2. Zwiebel und Knoblauch abziehen, in kleine Würfel schneiden. Olivenöl in einem Topf erhitzen, Zwiebel- und Knoblauchwürfel darin andünsten. Gemüsebrühe hinzugießen, Tomatenstreifen, Zucker und Safran hinzugeben. Die Zutaten zum Kochen bringen.

3. Das Fischfilet kurz unter fließendem kalten Wasser abspülen, trocken tupfen, in mundgerechte Stücke schneiden. Miesmuscheln in reichlich kaltem Wasser gründlich waschen und einzeln abbürsten, bis sie nicht mehr sandig sind. Muscheln, die sich beim Waschen geöffnet haben, sind ungenießbar. Evtl. die Fäden (Bartbüschel entfernen).

4. Fischfilet und Muscheln in die kochende Suppe geben, zugedeckt 5–10 Minuten bei schwacher Hitze ziehen lassen, bis sich alle Muscheln geöffnet haben. Den Topf dabei mehrmals schwenken (Muscheln, die sich nach dem Garen nicht öffnen, sind ebenfalls ungenießbar).

5. In der Zwischenzeit Petersilie abspülen und trocken tupfen. Die Blättchen von dem Stängel zupfen. Die Suppe mit Anislikör oder Pernod, Salz und Pfeffer abschmecken. Mit Petersilienblättern bestreuen und sofort servieren.

Zubereitungszeit: 25 Minuten

Pro Portion:
E: 31 g, F: 12 g, Kh: 13 g, kJ: 1308, kcal: 312, BE: 0,5

Dazu passt:
Baguettebrot.

Tipps:
Frische Miesmuscheln gibt es in der Zeit von September bis April (= den kühleren Monaten mit „R") zu kaufen. Fragen Sie Ihren Fischhändler nach vakuumverpackten Miesmuscheln, die es ganzjährig zu kaufen gibt. Diese Muscheln müssen vor dem Kochen nur noch gewaschen werden. Da die Ware frisch verpackt wird, gibt es so gut wie keinen Ausschuss. Ansonsten gibt es auch tiefgekühlte Muscheln im Handel. Wenn es schnell gehen muss, statt der gehäuteten Tomate etwa 2 Esslöffel gewürfelte Tomaten (Tetrapak) verwenden.

Zutaten:

50 g	Babyspinat
100 g	Joghurt (3,5 % Fett)
1 TL	Harissa (scharfe Gewürzpaste)
½	Bio-Limette (unbehandelt, ungewachst)
	Salz
1 Scheibe	Vollkorntoast
1 EL	Olivenöl
1 EL	Butter
	Salz
1 l	Wasser
2 EL	Weißweinessig
1	frisches Ei (Größe M)
25 g	Rote-Bete-Sprossen

Babyspinatsalat mit scharfem Harissa-Joghurt, Croûtons und pochiertem Ei

1. Den Babyspinat putzen, gründlich waschen, abtropfen lassen und in einer Salatschleuder trocken schleudern oder mit Küchenpapier trocken tupfen.

2. Joghurt mit Harissa (nach Geschmack und Schärfe) glatt rühren. Die Limette heiß abwaschen, abtrocknen und halbieren. Von einer Limettenhälfte die Schale abreiben und den Saft auspressen. Den Joghurt mit Salz, Limettenschale und -saft würzen.

3. Die Toastbrotscheibe entrinden und in gleich große Würfel schneiden. Das Olivenöl in einer Pfanne erhitzen, Butter darin zerlassen. Die Brotwürfel darin von allen Seiten rösten und leicht mit Salz würzen. Die Brotwürfel aus der Pfanne nehmen und auf Küchenpapier abtropfen lassen.

4. Wasser mit Essig in einem breiten flachen Topf zum Kochen bringen. Das Ei in 1 Tasse aufschlagen und vorsichtig in das siedende (nicht sprudelnd kochende) Wasser gleiten lassen. Eiweiß sofort mit 2 Esslöffeln an das Eigelb schieben. Das Ei bei schwacher Hitze 3–4 Minuten ohne Deckel gar ziehen lassen.

5. Das gegarte Ei mit einem Schaumlöffel aus dem Wasser nehmen, kurz in kaltes Wasser tauchen und abtropfen lassen.

6. Den Babyspinat mit der vorbereiteten Joghurtsauce vermengen und mit Salz abschmecken. Den Spinatsalat auf einen Teller geben und das pochierte, warme Ei daraufsetzen. Den Salat mit Croûtons und Sprossen bestreuen.

Zubereitungszeit: 30 Minuten

Pro Portion:
E: 15 g, F: 24 g, Kh: 20 g, kJ: 1511, kcal: 361, BE: 1,5

Hinweis:
Nur ein ganz frisches Ei verwenden, das nicht älter als 5 Tage ist (Legedatum beachten!).

Zutaten:

5	Cocktailtomaten (etwa 125 g)
4	verschiedene frische Kräuter-stängel, z. B. je 1 Stängel Basilikum, Thymian, Majoran und Rosmarin)
evtl. ½	Knoblauchzehe
125 g	abgetropfter Mozzarella
etwa 7	abgetropfte, grüne Oliven ohne Stein (aus dem Glas)
etwa 7	abgetropfte, schwarze Oliven ohne Stein (aus dem Glas)
½–1 EL	Balsamico-Essig
2 EL	Olivenöl
	Salz
	gem. Pfeffer

Vegetarisch – simpel – schnell

Antipasti-Salat

1. Tomaten abspülen, abtrocknen, halbieren und evtl. die Stängelansätze herausschneiden. Tomatenhälften in eine Schüssel geben.

2. Kräuterstängel abspülen und trocken tupfen. Die Blättchen bzw. Nadeln von den Stängeln zupfen. Blättchen bzw. Nadeln klein schneiden. Nach Belieben den Knoblauch abziehen und klein würfeln.

3. Mozzarella in Würfel schneiden. Klein geschnittene Kräuter und evtl. den Knoblauch mit Oliven, Mozzarellawürfeln, Balsamico-Essig und Olivenöl zu den Tomatenhälften in die Schüssel geben und untermischen. Mit Salz und Pfeffer würzen.

4. Den Salat zugedeckt im Kühlschrank etwa 1 Stunde durchziehen lassen, dabei gelegentlich umrühren.

Zubereitungszeit: 15 Minuten, ohne Durchziehzeit

Pro Portion:
E: 26 g, F: 62 g, Kh: 6 g, kJ: 2905, kcal: 694, BE: 0,0

Dazu passt:
Ofenwarmes Ciabatta-Brot oder ein frisches Ciabatta-Brötchen.

Kleine Warenkunde:
Mozzarella ist ein italienischer Frischkäse, der ursprünglich aus reiner Büffelmilch hergestellt wird. Da diese Art von Mozzarella immer seltener erhältlich ist, gibt es im Handel Mozzarella aus Kuhmilch. Dieser wird zu Kugeln geformt in Lake angeboten.

Tipps:
Statt der zwei verschiedenfarbigen Oliven können Sie auch nur eine Sorte Oliven nehmen, dann die Menge aber verdoppeln. Statt der Oliven aus dem Glas können Sie auch eingelegte Oliven aus dem Kühlregal verwenden. Diese Oliven sind meist mit Kräutern mariniert, sodass Sie keine zusätzlichen Kräuter unter den Salat geben müssen.

Zutaten:

1 l	Wasser
1 gestr. TL	Salz
80–100 g	Schmetterlingsnudeln (Farfalle)
2 kleine	Tomaten
50 g (2–3 geh. TL)	Basilikum-Pesto (aus dem Glas)
1–1 ½ EL	Olivenöl
	Salz
	gem. Pfeffer

Vegetarisch – gut vorzubereiten – raffiniert

Nudel–Pesto–Salat

1. Wasser in einem Topf zugedeckt zum Kochen bringen. Dann Salz und Nudeln hinzugeben. Die Nudeln im geöffneten Topf bei mittlerer Hitze nach Packungsanleitung bissfest kochen, dabei gelegentlich umrühren.

2. In der Zwischenzeit Tomaten kreuzweise einschneiden und mit kochendem Wasser übergießen. Nach 1–2 Minuten herausnehmen und mit kaltem Wasser abschrecken. Tomaten häuten, halbieren und die Stängelansätze herausschneiden. Tomaten in Streifen schneiden.

3. Die garen Nudeln in ein Sieb geben, mit heißem Wasser abspülen, abtropfen lassen und in eine Schüssel geben. Die Nudeln sofort mit dem Pesto vermischen. Die Tomatenstreifen mit Olivenöl unter die Nudel-Pesto-Mischung rühren, mit Salz und Pfeffer würzen. Den Salat etwa 30 Minuten durchziehen lassen.

Zubereitungszeit: 20 Minuten, ohne Durchziehzeit

Pro Portion:

E: 15 g, F: 36 g, Kh: 68 g, kJ: 2784, kcal: 664, BE: 5,5

Dazu passt:

Gebratenes Hähnchenbrustfilet oder Putenschnitzel.

Tipps:

Sie können zusätzlich noch schwarze Oliven, in Streifen geschnittenen Kochschinken, Rucola (Rauke), Fetakäsewürfel oder geröstete Pinienkerne unterheben. Das **Basilikumpesto** können Sie auch selbst zubereiten. Hierfür 1 kleines Bund Basilikum abspülen und trocken tupfen. Die Blättchen von den Stängeln zupfen. Basilikumblättchen mit 40 g frisch geriebenem Parmesan in den elektrischen Zerkleinerer geben. 1 Knoblauchzehe abziehen, fein hacken (oder durch die Knoblauchpresse drücken), hinzugeben und alles mit einem Pürierstab fein pürieren. Basilikumpüree herausnehmen und in einer kleinen Schüssel mit 3 Esslöffeln Olivenöl glatt rühren. Das Pesto nach Belieben mit Salz und Pfeffer würzen. (Übrig gebliebenes frisches Pesto hält sich zugedeckt bis zu einer Woche im Kühlschrank).

25 Minuten

Zutaten:

½	reife Mango
½	Papaya
½	rotschaliger Apfel

Für das Dressing:

1 kleine	rote Zwiebel
1	rote Chilischote
1	Bio-Limette (unbehandelt, ungewachst)
1 EL	brauner Zucker
50 ml	Orangensaft
1 EL	Sesamöl
1 EL	asiatische Fischsauce
	Salz
6 Stängel	Koriander
2 EL	Cashewkerne
2 EL	Röstzwiebeln

Fruchtiger Genuss
Mango-Papaya-Salat mit Koriander, Chili, Apfel, roter Zwiebel und Cashewkernen

1. Die Mango schälen und das Fruchtfleisch vom Stein schneiden. Die Papaya halbieren und die Kerne mit einem Löffel herauslösen. Eine Papayahälfte schälen. Den Apfel waschen, halbieren und entkernen. Mangostücke, Papayahälfte und Apfelhälfte mit Schale in gleich lange Stäbe (Stifte) schneiden.

2. Für das Dressing die Zwiebel abziehen und in kleine Würfel schneiden. Chilischote abspülen, trocken tupfen, entstielen und in sehr feine Ringe schneiden. Die Limette heiß abwaschen, abtrocknen und die Schale fein abreiben. Limette halbieren und den Saft auspressen.

3. Limettenschale, -saft, braunen Zucker, Orangensaft, Sesamöl und Fischsauce mit einem Schneebesen verschlagen, mit Salz würzen. Zwiebelwürfel und Chiliringe unterrühren.

4. Die vorbereiteten Fruchtstäbe (-stifte) in eine Schüssel geben und mit dem Dressing vorsichtig vermischen. Koriander abspülen und trocken tupfen (1 Stängel zum Garnieren beiseitelegen). Die Blättchen von den Stängeln zupfen. Blättchen in grobe Streifen schneiden. Die Cashewkerne fein hacken.

5. Den Mango-Papaya-Salat auf einer Platte anrichten. Mit Korianderstreifen, Cashewkernen und Röstzwiebeln bestreuen. Den Salat mit dem beiseitegelegten Korianderstängel garnieren.

Zubereitungszeit: 25 Minuten

Pro Portion:
E: 12 g, F: 35 g, Kh: 82 g, kJ: 2938, kcal: 702, BE: 6,5

20 Minuten

Zutaten:

½ kleiner	Eisbergsalat
1 Stange	Staudensellerie (etwa 100 g)
1 kleine	Banane (etwa 125 g)
1 kleiner	roter Apfel (etwa 100 g)

Für die Salatsauce:

75 g	Joghurt (1,5 % Fett)
1 EL	gemischte, frisch gehackte Kräuter, z. B. Petersilie, Schnittlauch oder TK-Kräuter
½ EL	Obstessig oder Zitronensaft
	Salz
	gem. Pfeffer
	Zucker

Preiswert – schnell

Amerikanischer Salat

1. Von dem Eisbergsalat die äußeren welken Blätter entfernen. Den Salat halbieren, eine Salathälfte in etwa 2 cm breite Streifen schneiden. Salatstreifen abspülen und trocken schleudern. Staudensellerie putzen und die harten Außenfäden abziehen. Selleriestange abspülen, abtropfen lassen und in feine Scheiben schneiden.

2. Banane schälen und in dünne Scheiben schneiden. Apfel waschen, abtrocknen, vierteln, entkernen und mit der Schale in Scheiben schneiden. Apfelscheiben quer in kleine Stücke schneiden.

3. Für die Sauce Joghurt mit Kräutern, Obstessig oder Zitronensaft in einer Schüssel glatt rühren. Mit Salz, Pfeffer und 1 Prise Zucker abschmecken.

4. Sellerie- und Bananenscheiben mit den Apfelstücken und der Joghurtsauce verrühren. Die Salatstreifen unterheben. Den Salat sofort servieren.

Zubereitungszeit: 20 Minuten

Pro Portion:
E: 6 g, F: 2 g, Kh: 38 g, kJ: 891, kcal: 213, BE: 3,0

Tipps:
Eine komplette leichte, aber sättigende Mahlzeit machen Sie daraus, wenn Sie zu diesem Salat gegrilltes Hähnchenfilet und Vollkornbrot reichen. Übrig gebliebenen Staudensellerie als kleine Zwischenmahlzeit mit etwas Kräuterquark (aus dem Kühlregal) anrichten. Der restliche Eisbergsalat hält sich im Kühlschrank etwa 3 Tage. Eisbergsalat als Salat weiter verwenden, zum Beispiel mit ausgelösten Orangenfilets (von 1 Orange), 1–2 Teelöffeln gerösteten Sonnenblumenkernen und der Joghurtsauce (Rezept siehe oben) servieren. Besonders dekorativ sieht der Salat aus, wenn Sie den Teller mit einigen Schnittlauchhalmen garnieren. Der Salat lässt sich einfach für mehrere Personen zubereiten.

Variante:
Sie können den Salat auch mit Chicorée statt mit Eisbergsalat zubereiten.

25 Minuten

Zutaten:

1 kleines Bund	Radieschen (200–250 g)
80 g	abgetropfter Tunfisch naturell (aus der Dose)
	Salz
	gem. Pfeffer
1 EL	Olivenöl
2	Frühlingszwiebeln

Radieschen mit Tunfisch

1. Von den Radieschen die Wurzelenden und das Grün abschneiden. Radieschen abspülen, trocken tupfen, in feine Stifte schneiden und in eine Salatschüssel geben. Tunfisch mit einer Gabel zerpflücken und zu den Radieschenstiften geben. Mit Salz und Pfeffer würzen, Olivenöl darüberträufeln und vorsichtig vermengen.

2. Die Frühlingszwiebeln putzen, abspülen, abtropfen lassen und in feine Scheiben schneiden. Frühlingszwiebelscheiben auf dem Radieschen-Tunfisch-Salat verteilen.

Zubereitungszeit: 25 Minuten

Pro Portion:
E: 19 g, F: 22 g, Kh: 8 g, kJ: 1285, kcal: 307, BE: 0,0

Dazu passt:
Ofenfrisches Baguette.

Tipps:
Wenn Sie den Salat für zwei Personen zubereiten, so reicht eine normal große Dose Tunfisch naturell (Abtropfgewicht 130–140 g; je nach Anbieter). Übrig gebliebene Frühlingszwiebeln für andere Rezepte weiter verwenden oder als Salatzutat unter andere Blattsalate mischen.

Variante:
Für **Radieschensalat mit Räucherschinken** (für 1 Person) 1 Esslöffel gehobelte Haselnusskerne in einer Pfanne ohne Fett unter gelegentlichem Rühren goldbraun rösten und auf einem Teller erkalten lassen. 1 kleines Bund Radieschen putzen, abspülen, trocken tupfen und in Scheiben schneiden. Von 5 dünnen Scheiben Räucherschinken (etwa 50 g) 2 Scheiben würfeln. Mit den Radieschenscheiben auf 4 abgespülten, trocken getupften Salatblättern (z. B. Eichblatt, Lollo Rosso) anrichten. Für die Marinade 2 Esslöffel Haselnussöl, 1½ Esslöffel Rotweinessig, Salz und gemahlenen Pfeffer verrühren und auf den Salat träufeln. Die gerösteten Haselnusskerne auf den Salat streuen. Mit dem restlichen Räucherschinken (zusammengerollt oder zu Röschen geformt) umlegen.

Zutaten:

60 g	Pardina-Linsen (kleine Linsen)
1	Schalotte
1 kleine	Knoblauchzehe
2 EL	Olivenöl aus Kreta
je 1 EL	Möhren- und Selleriewürfel
300 ml	Gemüsebrühe
1	Bio-Orange (unbehandelt, ungewachst)
1	Tomate
2 Stängel	Basilikum
	Salz
	gem. Pfeffer
	Zucker
1 EL	Apfelessig

Vegan

Bunter Linsensalat mit kretischem Olivenöl und Orange

1. Die Linsen in ein Sieb geben, mit kaltem Wasser abspülen und abtropfen lassen. Schalotte und Knoblauch abziehen. Die Schalotte klein würfeln und den Knoblauch halbieren.

2. Olivenöl in einem Topf erhitzen. Schalottenwürfel und Knoblauchhälften darin andünsten. Linsen, Möhren- und Selleriewürfel hinzugeben, kurz mitdünsten lassen. Die Gemüsebrühe hinzugießen und zum Kochen bringen. Die Linsen etwa 30 Minuten kochen lassen. Erst nach der Garzeit würzen, sonst verlängert sich die Garzeit!

3. In der Zwischenzeit Orange heiß abwaschen, abtrocknen und die Schale fein abreiben. Orange halbieren und den Saft auspressen. Die Tomate abspülen, abtropfen lassen, vierteln und den Stängelansatz herausschneiden. Tomatenviertel in kleine Würfel schneiden. Basilikum abspülen und trocken tupfen. Die Blättchen von den Stängeln zupfen (einige Blättchen zum Garnieren beiseitelegen). Blättchen in feine Streifen schneiden.

4. Die Linsen mit Salz, Pfeffer, Zucker, Essig, Orangenschale und -saft würzen. Basilikumstreifen unterheben.

5. Den Linsensalat mit den Tomatenwürfeln und den beiseitegelegten Basilikumblättchen garnieren.

Zubereitungszeit: 15 Minuten
Garzeit: etwa 30 Minuten

Pro Portion:
E: 18 g, F: 22 g, Kh: 54 g, kJ: 2072, kcal: 492, BE: 4,5

Zutaten:

2 geh. EL	Couscous (etwa 30 g)
1 große	Tomate (ersatzweise 2 kleine Tomaten)
120 g	Salatgurke (entspricht etwa ¼ Gurke)
1	Schalotte
½	Bio-Zitrone (unbehandelt, ungewachst)
	Salz
	gem. Pfeffer
1–2	Stängel glatte Petersilie
1–2	Stängel Minze

Außerdem:

1 großes Kopfsalatblatt zum Garnieren

Kleine Warenkunde:

Im Handel gibt es inzwischen Couscous, der lediglich mit kochend heißem Wasser oder Gemüsebrühe übergossen und zugedeckt bei schwacher Hitze etwa 15 Minuten quellen muss (siehe Packungsanleitung). Anschließend den Couscous mit zwei Gabeln auflockern. Couscous ist keine spezielle Getreidesorte, sondern hartkörniger Grieß aus hartem, glasigem Durum-Weizen. Durum-Weizen hat einen besonders hohen Eiweißgehalt und besitzt die Eigenschaft, sich mit Wasser glatt zu verbinden. Er kann bei uns nicht wachsen und wird aus den USA und Kanada importiert. Bulgur ist ein geschroteter Weizen von goldgelber Farbe, der nussartig schmeckt. Hergestellt wird Bulgur indem man Weizenkörner zunächst kocht und trocknet, anschließend schält und dann schrotet. Dadurch genügt in der Regel das Einweichen in Wasser oder Gemüsebrühe, um den Bulgur quellen und weich werden zu lassen.

Vegetarisch
Couscous-Salat

1. Couscous in einem kleinen Topf nach Packungsanleitung quellen lassen.

2. In der Zwischenzeit Tomate abspülen, abtrocknen, halbieren und den Stängelansatz herausschneiden. Tomate fein würfeln. Gurke schälen, evtl. das Ende abschneiden. Gurke halbieren und in kleine Würfel schneiden. Schalotte abziehen und sehr klein würfeln. Tomaten-, Gurken- und Schalottenwürfel in eine Schüssel geben.

3. Den gequollenen Couscous mit 2 Gabeln auflockern und zu dem gewürfelten Gemüse in die Schüssel geben. Zitrone heiß abwaschen, abtrocknen und etwa ½ Teelöffel Zitronenschale fein abreiben. Zitrone halbieren und von einer Hälfte den Saft auspressen. Abgeriebene Zitronenschale mit Zitronensaft zum Couscous geben. Die Zutaten mit Salz und Pfeffer würzen und gut vermischen. Den Salat zugedeckt 2–3 Stunden in den Kühlschrank stellen.

4. Petersilie und Minze abspülen, trocken tupfen. Die Blättchen von den Stängeln zupfen, Blättchen klein schneiden. Die Kräuter unter den Couscous-Salat geben und nochmals mit den Gewürzen abschmecken. Couscous-Salat auf einem abgespülten, trocken getupften Kopfsalatblatt anrichten.

Zubereitungszeit: 20 Minuten, ohne Kühlzeit

Pro Portion:
E: 5 g, F: 1 g, Kh: 26 g, kJ: 586, kcal: 140, BE: 2,0

Dazu passt:
1 weich gekochtes Ei.

Tipps:
Sie können statt Couscous auch Bulgur verwenden (Packungsanleitung beachten). In der Arabischen Küche werden Salate meist mit Bulgur zubereitet. Bulgur, der im Mittleren Osten zum Grundnahrungsmittel zählt, ist Basis vieler Gerichte. Couscous kann mit Wasser oder Gemüsebrühe zubereitet werden. Übrig gebliebene Salatgurke in den nächsten Tagen als Rohkost essen oder zu einem Salat (für 1 Person) weiter verarbeiten. Hierfür etwa 200 g Salatgurke abspülen, trocken tupfen, evtl. schälen. Gurke in hauchdünne Scheiben hobeln. Für das Dressing 1 Esslöffel Zitronensaft oder Kräuteressig mit 1½–2 Esslöffeln Sonnenblumenöl, Salz, Pfeffer und 1 Prise Zucker verrühren. Gurkenscheiben mit dem Dressing vermischen. Evtl. ½ Esslöffel Zwiebelwürfel oder 1 Esslöffel gehackte Petersilie unterrühren.

Zutaten:

1	hart gekochtes Ei
100 g	gelber Löwenzahn
50 g	Feldsalat
1 Scheibe	Toastbrot
2 EL	Butter
	Salz
	gem. Pfeffer

Für das Dressing:

1	gekochte Pellkartoffel, vom Vortag
2 EL	Weißweinessig
1 Msp.	mittelscharfer Senf
1 EL	Sonnenblumenöl
25 g	Schlagsahne
	Zucker
4	Radieschen
2 Stängel	Kerbel

Würziger Gaumenschmaus

Löwenzahnsalat mit Croûtons, gehacktem Ei und Radieschen

1. Das Ei pellen. Eiweiß und Eigelb getrennt klein hacken.

2. Löwenzahn und Feldsalat putzen, abspülen und trocken schleudern.

3. Toastbrotscheibe entrinden und in gleich große Würfel schneiden. Butter in einer kleinen Pfanne zerlassen. Die Brotwürfel darin von allen Seiten goldgelb rösten. Mit Salz und Pfeffer würzen. Brotwürfel aus der Pfanne nehmen und auf Küchenpapier abtropfen lassen.

4. Für das Dressing die Kartoffel pellen, auf einer Haushaltsreibe fein reiben und mit dem Essig glatt rühren. Senf, Sonnenblumenkernöl und Sahne unterrühren. Mit Salz, Pfeffer und 1 Prise Zucker abschmecken.

5. Die vorbereiteten Salatblätter in einer Schüssel mit dem Dressing vermischen und auf einem Teller anrichten. Croûtons und das gehackte Ei darauf verteilen.

6. Radieschen putzen, abspülen, trocken tupfen, dünn hobeln und an den Salat legen. Kerbel abspülen und trocken tupfen. Die Blättchen von den Stängeln zupfen. Den Löwenzahnsalat mit den Kerbelblättchen garnieren.

Zubereitungszeit: 25 Minuten

Pro Portion:
E: 16 g, F: 50 g, Kh: 40 g, kJ: 2846, kcal: 681, BE: 3,0

Tipps:
Wenn das Dressing zu dick wird, etwas Gemüsebrühe unterrühren.

Zutaten:

1	Zucchini mit Blüte (etwa 80 g)
30 g	Möhren
30 g	Knollensellerie
30 g	Porree (Lauch)
1	Schalotte
1	Knoblauchzehe
1 EL	Himbeeressig
2 EL	Gemüsebrühe
2 EL	mildes Olivenöl
	Salz
	gem. Pfeffer
	Zucker
1 EL	Schnittlauchröllchen
einige	Frisée-Salatblätter

Würziger Gaumenschmaus

Zucchinicarpaccio mit Gemüsevinaigrette

1. Die Zucchiniblüte abschneiden und den Blütenstempel entfernen. Die Blütenblätter vorsichtig abspülen und abtropfen lassen.

2. Möhre und Sellerie putzen, schälen, abspülen, abtropfen lassen und in sehr kleine Würfel schneiden. Porree putzen, die Stange längs halbieren, gründlich waschen und abtropfen lassen. Porree ebenfalls in kleine Würfel schneiden.

3. Schalotte abziehen und klein würfeln. Knoblauch mit der flachen Hand anschlagen. Himbeeressig mit Gemüsebrühe verrühren, Olivenöl unterschlagen. Die Vinaigrette mit Salz, Pfeffer und 1 Prise Zucker würzen. Gemüse-, Schalottenwürfel und die Knoblauchzehe hinzugeben und etwa 30 Minuten marinieren.

4. Die Zucchini abspülen, abtrocknen und die Enden abschneiden. Zucchini mit einer Küchenmaschine in hauchdünne Scheiben schneiden.

5. Die Zucchinischeiben auf einem großen Teller anrichten. Die Gemüsevinaigrette darauf verteilen.

6. Zucchinicarpaccio mit den Blütenblättern, den Schnittlauchröllchen und dem abgespülten, trocken getupften Friséesalat garnieren.

Zubereitungszeit: 25 Minuten, ohne Marinierzeit

Pro Portion:
E: 4 g, F: 21 g, Kh: 8 g, kJ: 983, kcal: 235, BE: 0,5

Beilage:
Ofenfrisches Baguette.

20 Minuten

Zutaten:

1 EL	ungeschälter Sesamsamen
10 g	frischer Ingwer
Saft von ½	rosa oder weißen Grapefruit (50 ml)
1 EL	dunkles Sesamöl
	gem. Meersalz
75 g	Mango (ohne Stein gewogen)
½	rote Paprikaschote (etwa 100 g)
1	Möhre (etwa 100 g)
50 g	Glasnudeln
etwas	Koriander, Minze oder Zitronenmelisse

Glasnudel-Rohkost

1. Den Sesam in einer Pfanne ohne Fett unter Rühren rösten, herausnehmen und auf einem Teller erkalten lassen. Ingwer schälen und in sehr kleine Würfel schneiden.

2. Grapefruitsaft mit Ingwerwürfeln in einer Schüssel verrühren. Sesamöl unterschlagen. Mit Meersalz würzen.

3. Mango halbieren und den Stein herausnehmen. Mangohälften schälen und in feine Streifen schneiden. Paprikaschotenhälfte entstielen, entkernen und die weißen Scheidewände entfernen. Schotenhälfte abspülen, abtropfen lassen und in feine Streifen schneiden. Möhre putzen, schälen, abspülen, abtropfen lassen und in feine Streifen hobeln oder raffeln. Mango-, Paprika- und Möhrenstreifen oder -raffel zu der Vinaigrette in die Schüssel geben und untermischen.

4. Glasnudeln in einer Schüssel mit reichlich kochendem Wasser übergießen und in 4–5 Minuten weich werden lassen. Glasnudeln in ein Sieb geben, mit kaltem Wasser abspülen, abtropfen lassen und mit der Küchenschere kürzer schneiden.

5. Die Glasnudeln unter den Salat mischen. Koriander, Minze oder Melisse abspülen und trocken tupfen. Die Blättchen von den Stängeln zupfen. Blättchen in Streifen schneiden. Die Glasnudel-Rohkost mit dem gerösteten Sesam und den Kräuterstreifen bestreuen.

Zubereitungszeit: 20 Minuten, ohne Abkühlzeit

Pro Portion:
E: 6 g, F: 19 g, Kh: 66 g, kJ: 1947, kcal: 463, BE: 5,0

Zutaten:

½	Avocado
Saft von 1	Limette
	Salz
	Tabasco
1	Möhre
1 TL	flüssiger Akazienhonig
½	Birne
2 Scheiben	Mehrkorntoast
2 Blätter	Kopfsalat
10 g	Radieschensprossen

Vegetarisches Vitalsandwich

1. Das Avocadofleisch mit einem Löffel aus der Avocadohälfte nehmen und mit einer Gabel zerdrücken. Mit Limettensaft, Salz und Tabasco pikant würzen.

2. Die Möhre putzen, schälen, abspülen, abtropfen lassen und grob raspeln. Möhrenraspel mit etwas Limettensaft und Akazienhonig vermischen. Die Birne abwaschen, abtrocknen, halbieren und entkernen. Eine Birnenhälfte mit der Schale in Spalten schneiden.

3. Beide Toastscheiben mit dem Avocadopüree bestreichen. Auf eine Toastscheibe die abgespülten und trocken getupften Salatblätter, Möhrenraspel, Birnenspalten und die abgespülten, trocken getupften Sprossen verteilen. Mit der zweiten Toastscheibe bedecken und leicht andrücken.

Zubereitungszeit: 10 Minuten

Pro Portion:
E: 8 g, F: 29 g, Kh: 45 g, kJ: 2010, kcal: 481, BE: 4,0

10 Minuten

Zutaten:

½	Mango, nicht zu reif
2 Scheiben	Serrano-Schinken
4	schöne Basilikumblättchen
1 EL	Olivenöl
	grob gem. Pfeffer
1 TL	frische Rosmarinnadeln

Außerdem:

4	Holzstäbchen

Genuss wie im Urlaub

Mango mit Basilikum in Serrano-Schinken

1. Mango halbieren und den Stein herauslösen. Mangohälfte in insgesamt 4 Spalten schneiden. Mangospalten schälen.

2. Schinkenscheiben längs halbieren. Basilikumblättchen abspülen und trocken tupfen.

3. Die Mangospalten zunächst mit je einem Basilikumblättchen belegen, dann mit je einer halbierten Schinkenscheibe umwickeln. Mit Holzstäbchen feststecken.

4. Olivenöl in einer beschichteten Pfanne erhitzen. Die umwickelten Mangospalten darin von allen Seiten bei mittlerer Hitze goldbraun braten. Etwas Pfeffer und die Rosmarinnadeln hinzugeben, in dem Olivenöl anrösten. Die Mangospalten darin schwenken.

Zubereitungszeit: 10 Minuten

Pro Portion:
E: 8 g, F: 12 g, Kh: 18 g, kJ: 912, kcal: 218, BE: 1,5

Für die Salzkartoffeln:

2 kleine	Kartoffeln (etwa 150 g)
	Salzwasser

Für die Füllung:

1	Kohlrabi (etwa 200 g)
½ EL	Butter
1 EL	Wasser
	Salz

Für das Omelett:

½ Topf	Kerbel
½	Zwiebel
3	Eier (Größe M)
1 Prise	Salz
	ger. Muskatnuss
1 ½ EL	Butter

Vegetarisch – schnell gemacht

Kerbelomelett mit Kohlrabi

1. Für die Salzkartoffeln Kartoffeln schälen, abspülen und abtropfen lassen. Kartoffeln knapp mit Salzwasser bedeckt in einem kleinen Topf zum Kochen bringen, zugedeckt in 15–20 Minuten gar kochen.

2. Für die Füllung in der Zwischenzeit Kohlrabi putzen, schälen, abspülen, trocken tupfen, halbieren, in dünne Scheiben schneiden. Kohlrabischeiben halbieren oder vierteln. Butter in einer Pfanne zerlassen, Wasser hinzufügen. Die Kohlrabistücke darin etwa 10 Minuten unter gelegentlichem Rühren garen. Kohlrabi evtl. mit etwas Salz würzen.

3. Für das Omelett Kerbel abspülen und trocken tupfen. Die Blättchen von den Stängeln zupfen. Einige Blättchen zum Garnieren beiseitelegen. Restliche Blättchen grob zerschneiden. Zwiebelhälfte abziehen und in kleine Würfel schneiden. Eier in eine Rührschüssel geben und mit den klein geschnittenen Kerbelblättchen verschlagen, mit Salz und Muskat würzen.

4. Butter in einer beschichteten Pfanne (Ø 24 cm) zerlassen. Die Zwiebelwürfel darin andünsten. Eiermasse hinzugießen. Das Omelett zugedeckt etwa 5 Minuten bei schwacher Hitze stocken lassen.

5. Gegarte Salzkartoffeln abgießen. Das Omelett auf einen vorgewärmten Teller gleiten lassen. Kohlrabistücke auf der Hälfte des Omeletts verteilen, die andere Hälfte darüberklappen. Omelett mit den beiseitegelegten Kerbelblättchen garnieren, mit Salzkartoffeln servieren.

Zubereitungszeit: 30 Minuten

Pro Portion:
E: 27 g, F: 52 g, Kh: 26 g, kJ: 2879, kcal: 687, BE: 1,5

Tipp:
Wenn das Omelett lockerer sein soll, das Ei trennen. Eiweiß steif schlagen und unter die Eigelbmasse heben.

Varianten:
Statt Kerbel und Kohlrabi können Sie auch andere Kräuter (z. B. Petersilie, Schnittlauch, Basilikum) unter die Eiermasse rühren. Füllen Sie das Omelett mit anderem Gemüse (z. B. 200 g Möhren in Stiften, 1 rote Paprikaschote (etwa 200 g) in Streifen oder 200 g Champignons in Scheiben geschnitten).

Zutaten:

3	Gambas, ohne Kopf und Schale oder TK-Gambas
1 EL	frische Korianderblättchen
2	Eier (Größe M)
2 EL	Schlagsahne oder Crème fraîche
	Salz
	gem. Pfeffer
15 g	Butter
einige	frische Korianderblättchen

Zum Dahinschmelzen

Rührei mit Gambas und Koriander

1. Die Gambas kurz unter fließendem kalten Wasser abspülen und in einem Sieb gut abtropfen lassen. Gambas halbieren und entdarmen (TK-Gambas nach Packungsanleitung auftauen lassen, abspülen und gut abtropfen lassen).

2. Korianderblättchen abspülen, trocken tupfen und klein schneiden. Eier mit Sahne oder Crème fraîche und Koriander in eine Schüssel geben und mit einem Schneebesen verschlagen. Kräftig mit Salz und Pfeffer würzen. Gambas hinzugeben.

3. Die Butter in einer Pfanne zerlassen. Die Eiersahne-Gambas-Mischung hinzugeben und bei mittlerer Hitze unter gelegentlichem Rühren so lange braten, bis die Masse zu stocken beginnt. Rührei auf Tellern mit abgespülten und trocken getupften Korianderblättchen anrichten.

Zubereitungszeit: 10 Minuten

Pro Portion:
E: 31 g, F: 40 g, Kh: 3 g, kJ: 2065, kcal: 494, BE: 0,5

Tipp:
Rührei mit oder auch in noch warmen Brötchen servieren.

Zutaten:

1 große	vorwiegend festkochende Kartoffel (etwa 250 g)
	Salz
½ Bund	Schnittlauch
150 g	Schmand (Sauerrahm)
1 Msp.	abgeriebene Schale von 1 Bio-Zitrone (unbehandelt, ungewachst)
1 TL	Zitronensaft
	Meersalz
	gem. Pfeffer
½	Salatgurke (etwa 150 g)
	Zucker
2 EL	Apfelessig
1 EL	Sonnenblumenöl
½ kleine	rote Zwiebel
1–2 Stängel	Dill
100 g	Krabben (aus dem Kühlregal)
2	grüne Salatblätter

Zum Dahinschmelzen

Gefüllte Kartoffel

1. Kartoffel gründlich unter fließendem kalten Wasser abbürsten und in einem kleinen Topf knapp mit Wasser bedeckt zum Kochen bringen, Salz hinzugeben. Die Kartoffel zugedeckt 20–25 Minuten garen.

2. In der Zwischenzeit Schnittlauch abspülen, trocken tupfen und in Röllchen schneiden.

3. Schmand mit 2 Esslöffeln Schnittlauchröllchen, Zitronenschale- und saft verrühren. Mit Salz und Pfeffer würzen.

4. Gurkenhälfte abspülen, abtrocknen und in dünne Scheiben schneiden. Gurkenscheiben mit Salz und etwas Zucker bestreut etwa 5 Minuten ziehen lassen. Dann den Apfelessig untermischen und das Sonnenblumenöl darübergießen. Die Zwiebelhälfte abziehen, in kleine Würfel schneiden und unter die Gurkenscheiben mischen. Mit Salz, Pfeffer und etwas Zucker abschmecken. Dill abspülen und trocken tupfen. Die Spitzen von den Stängeln zupfen. Die Hälfte der Dillspitzen unter den Salat heben.

5. Das Wasser von der gekochten Kartoffel abgießen. Die Kartoffel ohne Wasser in dem Topf noch kurz auf die Kochstelle stellen. Die Kartoffel abdämpfen lassen.

6. Dann die heiße Kartoffel auf einen Teller geben. Die Kartoffel an der Oberfläche kreuzweise einschneiden und leicht an den Enden zusammendrücken, sodass sie etwas aufbricht. Die Schmand-Schnittlauch-Creme auf die Kartoffel geben und mit den restlichen Schnittlauchröllchen bestreuen. Die Krabben darauf verteilen.

7. Den Salat neben der Kartoffel auf dem Teller anrichten. Mit den restlichen Dillspitzen und einigen abgespülten, trocken getupften Salatblättern garnieren.

Zubereitungszeit: 25 Minuten

Pro Portion:
E: 30 g, F: 48 g, Kh: 52 g, kJ: 3244, kcal: 774, BE: 4,0

Tipp:
Statt Krabben kann man auch Cocktailgarnelen, gebratenen Speck oder gebratene Hähnchenstreifen auf die Kartoffel geben.

Zutaten:

1	rote Zwiebel
1	Knoblauchzehe
1	Süßkartoffel (etwa 60 g)
1 EL	Sesamöl
180 g	abgetropfte Kichererbsen (aus der Dose)
2 EL	rote Currypaste
200 ml	Gemüsebrühe
200 ml	ungesüßte Kokosmilch
50 g	Blattspinat
2 Stängel	Thaibasilikum
1	Bio-Limette (unbehandelt, ungewachst)

Raffiniert – schnell gemacht

Vegetarisches Kichererbsencurry

1. Zwiebel abziehen und in Spalten schneiden. Knoblauch abziehen und in Scheiben schneiden. Süßkartoffel schälen, abspülen, abtropfen lassen und in etwa 1 cm große Würfel schneiden.

2. Sesamöl in einem Topf erhitzen. Zwiebelspalten, Knoblauchscheiben, Kartoffelwürfel und die Kichererbsen darin evtl. in 2 Portionen andünsten. Currypaste unterrühren und kurz mitdünsten lassen. Mit Gemüsebrühe ablöschen. Kokosmilch hinzugießen. Die Zutaten zum Kochen bringen. Das Curry etwa 10 Minuten bei schwacher Hitze kochen lassen.

3. Blattspinat verlesen, dicke Stiele entfernen. Spinat gründlich waschen, abtropfen lassen, zum Curry in den Topf geben und zusammenfallen lassen.

4. Basilikum abspülen und trocken tupfen. Die Blättchen von den Stängeln zupfen. Limette heiß abwaschen, abtrocknen und die Schale fein abreiben. Limette halbieren und den Saft auspressen. Kichererbsencurry mit Limettenschale und -saft abschmecken. Die Basilikumblättchen unterheben.

Zubereitungszeit: 25 Minuten

Pro Portion:
E: 23 g, F: 56 g, Kh: 62 g, kJ: 3564, kcal: 857, BE: 5,0

Zutaten:

2	Eier (Größe M)

Für die Senfsauce:

10 g	Butter oder Margarine
1 gestr. EL	Weizenmehl
125 ml	Gemüsebrühe
½–1 TL	mittelscharfer Senf
½–1 TL	körniger Senf
	Salz
	gem. Pfeffer
1 EL	Crème fraîche

Klassisch
Eier in Senfsauce

1. Eier in kochendes Wasser geben und in etwa 8 Minuten hart kochen. Eier in kaltem Wasser abschrecken, um den Garvorgang zu beenden.

2. Für die Senfsauce Butter oder Margarine in einem kleinen Topf zerlassen. Mehl hinzugeben und unter Rühren so lange erhitzen, bis es hellgelb ist. Brühe nach und nach hinzugießen, mit einem Schneebesen durchschlagen. Dabei darauf achten, dass keine Klümpchen entstehen. Die Sauce zum Kochen bringen und unter gelegentlichem Rühren bei mittlerer Hitze etwa 10 Minuten kochen lassen.

3. Beide Senfsorten unterrühren, mit Salz und Pfeffer würzen. Crème fraîche zum Schluss unterrühren. Die Senfsauce evtl. nochmals abschmecken.

4. Eier pellen, nach Belieben halbieren und kurz vor dem Servieren in die Sauce geben.

Zubereitungszeit: 20 Minuten

Pro Portion:
E: 17 g, F: 29 g, Kh: 8 g, kJ: 1498, kcal: 358, BE: 0,5

Dazu passt:
Kartoffelbrei (Kartoffelpüree) (für 1 Person). Hierfür 250 g mehligkochende Kartoffeln schälen, abspülen, abtropfen lassen, in Stücke schneiden, in einen Topf geben. 2–3 Prisen Salz hinzugeben. Die Kartoffelstücke knapp mit Wasser bedeckt zum Kochen bringen, zugedeckt in etwa 15 Minuten gar kochen. Kartoffeln abgießen, sofort durch die Kartoffelpresse geben oder mit einem Kartoffelstampfer zerdrücken. 1 Esslöffel (10 g) Butter oder Margarine mit 6–7 Esslöffeln heißer Milch (etwa 70 ml) hinzugeben, unter die Kartoffelmasse rühren. Mit Salz und frisch geriebener Muskatnuss abschmecken.

Tipps:
Mit Petersilienblättchen garnieren. Die Kochzeiten für Eier variieren je nach Größe. Bei Eiern Größe M betragen sie 6 Minuten für wachsweich, 8 Minuten für hart. Sind die Eier größer, die Kochzeit um etwa 1 Minute verlängern. Kommen die Eier aus einem eiskalten Kühlschrank, die Eier kurz in lauwarmem Wasser vorwärmen, damit die Schale nicht platzt. Wenn wenig Zeit ist, statt der selbst gemachten Senfsauce 3 Esslöffel Crème fraîche mit je ½–1 gestrichenem Teelöffel mittelscharfen und körnigen Senf glatt rühren. Senfsauce mit Salz abschmecken.

Zutaten:

250 g	festkochende Kartoffeln
2 EL	Speiseöl, z. B. Sonnenblumenöl oder 20 g Butterschmalz
	Salz
1	Zwiebel
½–1	Knoblauchzehe
10 g	frischer Ingwer
1½ TL	Currypulver
100 ml	Wasser

Zum Bestreuen:

1–2 EL	Sesamsamen

Vegetarisch

Curry-Kartoffeln

1. Kartoffeln schälen, abspülen, abtropfen lassen und in große Würfel schneiden. Speiseöl oder Butterschmalz in einer Pfanne erhitzen. Die Kartoffelwürfel hinzufügen, mit Salz würzen und unter gelegentlichem Wenden 10–12 Minuten bei mittlerer Hitze goldbraun braten.

2. In der Zwischenzeit Zwiebel und Knoblauch abziehen, beides in kleine Würfel schneiden. Ingwer schälen und sehr fein hacken (etwa 1 Teelöffel wird benötigt). Die Zwiebel- und Knoblauchwürfel mit dem gehackten Ingwer zu den Kartoffelwürfeln geben und unter gelegentlichem Wenden weitere etwa 5 Minuten mitbraten lassen.

3. Curry hinzugeben, Wasser hinzugießen, zum Kochen bringen und zugedeckt etwa 12 Minuten unter gelegentlichem Wenden bei mittlerer Hitze garen. Die Currykartoffeln mit Salz und Curry abschmecken und mit Sesam bestreuen.

Zubereitungszeit: 30 Minuten

Pro Portion:
E: 9 g, F: 32 g, Kh: 38 g, kJ: 2008, kcal: 479, BE: 3,0

Dazu passen:
Salate wie Feldsalat mit Nüssen, Spiegel- oder Rühreier.

Tipps:
Wer kein Curry mag, ersetzt ihn durch 1–2 Teelöffel getrocknete Kräuter wie Majoran, Rosmarin oder Thymian. Die Currykartoffeln sind auch eine gute Resteverwertung für übrig gebliebene Pell- oder Salzkartoffeln vom Vortag. Die vorgekochten Kartoffeln würfeln, anbraten, dann mit Curry und Wasser zugedeckt nur etwa 5 Minuten garen (siehe Rezeptpunkt 3).

Zutaten:

150 g	mittelgroße, möglichst junge Steinpilze
½ kleine	Knoblauchzehe
1 mittelgroße	Tomate
1 Stängel	Petersilie
15 g	Butter
1 EL	Olivenöl
	Salz
	gem. Pfeffer

Schnell – etwas teurer

Gebratene Steinpilze

1. Von den Steinpilzen Stielenden und schlechte Stellen abschneiden. Pilze evtl. kurz abspülen und trocken tupfen. Steinpilze der Länge nach in Scheiben schneiden.

2. Knoblauchhälfte abziehen und fein hacken. Tomate halbieren, entstielen, entkernen und den Stängelansatz herausschneiden. Tomate in kleine Würfel schneiden. Petersilie abspülen und trocken tupfen. Die Blättchen von dem Stängel zupfen. Blättchen klein schneiden.

3. Butter in einer Pfanne zerlassen. Olivenöl hinzufügen und miterhitzen. Pilzscheiben hinzufügen und bei mittlerer Hitze 5–7 Minuten unter gelegentlichem Rühren braten, mit Salz und Pfeffer würzen. Pilzscheiben herausnehmen, auf einem vorgewärmten Teller anrichten und warm stellen.

4. Knoblauch in dem verbliebenen Bratfett andünsten. Tomatenwürfel hinzugeben und kurz erhitzen. Gehackte Petersilie unterrühren. Mit Salz und Pfeffer würzen. Die Tomaten-Petersilien-Mischung auf den Pilzen verteilen.

Zubereitungszeit: 20 Minuten

Pro Portion:
E: 5 g, F: 23 g, Kh: 3 g, kJ: 1017, kcal: 243, BE: 0,0

Dazu passt:
Ofenfrisches Baguette.

Tipps:
Der Knoblauch sollte bei diesem Rezept nur sehr sparsam eingesetzt werden, damit der typische Steinpilzgeschmack besser zur Geltung kommt. Wer die Tomatenwürfel lieber ohne Haut mag, muss die Tomate häuten. Hierfür die Tomate kreuzweise einschneiden und mit kochendem Wasser übergießen. Nach 1–2 Minuten herausnehmen und mit kaltem Wasser abschrecken. Tomaten häuten, halbieren und den Stängelansatz herausschneiden. Tomate in Würfel schneiden.

Zutaten:

1	Schalotte
1 ½ EL	Speiseöl
50 g	Hirse
100 ml	Wasser oder Gemüsebrühe
	Salz
1	Knoblauchzehe
je ¼	rote und grüne Paprikaschote
50 g	Zucchini
1–2 Stängel	glatte Petersilie
1 Stängel	Liebstöckel
	evtl. gem. Pfeffer
2 EL	frisch ger. oder gehobelter Parmesan

Raffiniert

Hirseteller

1. Schalotte abziehen und fein hacken. ½ Esslöffel Speiseöl in einem Topf erhitzen. Schalottenwürfel und Hirse hinzugeben, kurz unter Rühren andünsten. Wasser evtl. mit 1 Prise Salz oder die Brühe hinzugeben und zum Kochen bringen. Die Hirse zugedeckt bei schwacher Hitze etwa 20 Minuten quellen lassen.

2. In der Zwischenzeit Knoblauch abziehen und fein hacken. Paprikaviertel entstielen, entkernen und die weißen Scheidewände entfernen. Paprikaviertel abspülen, abtropfen lassen und in kleine Würfel schneiden. Zucchini abspülen, abtrocknen und das Ende abschneiden. Zucchini ebenfalls in kleine Würfel schneiden.

3. Restliches Speiseöl in einer Pfanne erhitzen. Knoblauch, Paprika- und Zucchiniwürfel darin unter gelegentlichem Rühren etwa 5 Minuten bei mittlerer Hitze andünsten.

4. Petersilie und Liebstöckel abspülen und trocken tupfen. Die Blättchen von den Stängeln zupfen. Blättchen klein schneiden. Die Kräuter mit dem gedünsteten Gemüse (Knoblauch, Paprika und Zucchini) unter die gequollene Hirse rühren. Nach Belieben mit Salz und Pfeffer abschmecken. Mit Parmesan bestreut servieren.

Zubereitungszeit: 20 Minuten

Pro Portion:
E: 17 g, F: 28 g, Kh: 41 g, kJ: 2023, kcal: 483, BE: 3,0

Dazu passt:
Gedünstetes Fischfilet.

Tipps:
Statt Hirse können Sie auch die gleiche Menge Reis oder Bulgur verwenden (jeweils die Packungsanleitung beachten). Den Hirseteller mit abgespülten, trocken getupften Liebstöckelblättern garnieren. Übrig gebliebene Paprika roh essen oder Paprika würfeln und mit etwas Quark, Salz und Pfeffer als herzhaften Brotaufstrich servieren.

Kleine Warenkunde:
Hirse wird gekocht und verdoppelt dabei ihr Volumen. Obwohl Hirse sehr weich kocht, behält sie ihren leichten Biss. Hirse schmeckt relativ neutral und passt gut zu Eintöpfen und Currys.

Zutaten:

½	rote Paprikaschote (etwa 100 g)
½ kleine Stange	Porree (Lauch, etwa 50 g)
½ mittelgroße	Zucchini (etwa 100 g)
50 g	frische Sojabohnensprossen
1 EL	Speiseöl
½	Knoblauchzehe
	gem. Pfeffer
½–1 EL	frisch gepresster Zitronensaft
½–1 EL	Sojasauce

Leicht – schnell zuzubereiten

Asiatisches Paprika-Porree-Gemüse

1. Paprikahälfte entstielen, entkernen und die weißen Scheidewände entfernen. Schotenhälfte abspülen, abtropfen lassen und in kleine Stücke schneiden. Porree putzen, die Stange längs halbieren, gründlich waschen, abtropfen lassen und in schmale Streifen schneiden.

2. Zucchini abspülen, abtrocknen und das Ende abschneiden. Zucchini in Streifen schneiden. Sojabohnensprossen verlesen, in ein Sieb geben, kurz mit kaltem Wasser abspülen und gut abtropfen lassen.

3. Speiseöl in einer beschichteten Pfanne oder einem Wok erhitzen. Paprikastücke, Porree- und Zucchinistreifen hinzufügen. Die Zutaten unter ständigem Rühren bei starker Hitze in 5–8 Minuten bissfest garen. Die Sojabohnensprossen hinzugeben und etwa 2 Minuten mitgaren lassen. Knoblauch abziehen, durch eine Knoblauchpresse drücken oder klein würfeln und unterrühren.

4. Das Paprika-Porree-Gemüse mit Pfeffer, Zitronensaft und Sojasauce abschmecken und sofort servieren.

Zubereitungszeit: 30 Minuten
Garzeit: 7–10 Minuten

Pro Portion:
E: 6 g, F: 11 g, Kh: 11 g, kJ: 716, kcal: 171, BE: 0,0

Dazu passt:
Körnig gekochter Reis (Packungsanleitung beachten).

Variante:
Griechisches Paprika-Zucchini-Gemüse (für 1 Person). Hierfür anstelle der Sojabohnensprossen 50–75 g klein gewürfelten Fetakäse (Schafskäse) verwenden und den Porree durch ½ gelbe Paprikaschote ersetzen. Das Gemüse (rote und gelbe Paprika, Zucchini und Schafskäse) in Olivenöl anbraten. Das Gemüse (statt mit Pfeffer, Zitronensaft und Sojasauce) mit Salz, Pfeffer und ½–1 Esslöffel gehackter Petersilie oder 1–2 Prisen gerebeltem Majoran abschmecken.

Dazu passt:
Aufgebackenes Pitabrot (Pitabrot wird einfach im Toaster aufgebacken).

Zutaten:

½ kleine	Zwiebel
1 kleine	grüne Paprikaschote (etwa 150 g)
2 mittelgroße	Tomaten (etwa 125 g)
½–1 EL	Olivenöl
	gerebelter Thymian
	Salz
	gem. Pfeffer
	Paprikapulver edelsüß
2–3 EL (etwa 25 ml)	Wasser oder Gemüsebrühe

Preiswert – klassisch

Paprika-Tomaten-Gemüse

1. Zwiebelhälfte abziehen und in kleine Würfel schneiden. Paprikaschote halbieren, entstielen, entkernen und die weißen Scheidewände entfernen. Schote abspülen, abtropfen lassen und in große Stücke schneiden.

2. Tomaten kreuzweise einschneiden und mit kochendem Wasser übergießen. Nach 1–2 Minuten herausnehmen und mit kaltem Wasser abschrecken. Tomaten häuten, halbieren und die Stängelansätze herausschneiden. Tomaten achteln und evtl. entkernen.

3. Olivenöl in einem Topf erhitzen. Die Zwiebelwürfel darin glasig dünsten. Paprikastücke hinzugeben, kurz mitdünsten lassen. Mit Thymian, Salz, Pfeffer und Paprika würzen. Wasser oder Gemüsebrühe hinzugeben. Das Gemüse zugedeckt etwa 8 Minuten bei schwacher Hitze garen. Dann die Tomatenachtel unterheben.

4. Das Paprika-Tomaten-Gemüse nochmals erhitzen und mit den Gewürzen abschmecken.

Zubereitungszeit: 25 Minuten

Pro Portion:
E: 3 g, F: 8 g, Kh: 8 g, kJ: 505, kcal: 120, BE: 0,0

Dazu passt:
Kurz gebratenes oder gegrilltes Fleisch oder Fisch.

Tipp:
Das Gemüse mit abgespülten, trocken getupften Thymianstängeln garnieren.

Variante:
Paprika-Tomaten-Zucchini-Gemüse (für 1 Person). Hierfür zusätzlich 1 kleine Zucchini (etwa 150 g) verwenden und die grüne Paprikaschote (etwa 150 g) durch eine gelbe Paprikaschote ersetzen (so sieht es dekorativer aus). Zucchini abspülen, abtrocknen und die Enden abschneiden. Zucchini in dünne Scheiben schneiden. Zucchinischeiben mit den Paprikastücken andünsten. 3–4 Esslöffel Wasser oder Gemüsebrühe hinzufügen (siehe Rezeptpunkt 3). Weiter wie im Rezept beschrieben zubereiten. Mit Kräuterbaguette haben Sie im Nu ein vegetarisches Hauptgericht.

Zutaten:

200 g	weißer Spargel
100 g	grüner Spargel
15 g	Haselnusskerne
2	getrocknete Aprikosen (etwa 20 g)
1–1½ EL	Walnussöl
½ EL	flüssiger Honig, z. B. Lindenblüten-honig
	Salz
	gem. Pfeffer
1 kleiner Stängel	Rosmarin

Aromatisch – köstlich

Gebratener Spargel

1. Den weißen Spargel von oben nach unten dünn schälen. Dabei darauf achten, dass die Schalen vollständig entfernt, die Köpfe aber nicht verletzt werden. Die unteren Enden abschneiden (holzige Stellen vollkommen entfernen). Von dem grünen Spargel das untere Drittel dünn schälen und die unteren Enden abschneiden.

2. Spargel kurz abspülen und in einem Sieb abtropfen lassen. Den Spargel schräg in etwa 2 cm lange Stücke schneiden. Haselnusskerne grob hacken. Aprikosen in dünne Streifen schneiden.

3. Walnussöl in einer großen Pfanne erhitzen. Die weißen Spargelstücke unter mehrmaligem Wenden bei mittlerer Hitze etwa 2 Minuten leicht bräunen lassen, dann die grünen Spargelstücke hinzufügen und etwa 1 Minute mit anbraten.

4. Gehackte Haselnusskerne und Aprikosenstreifen hinzugeben. Honig unterrühren, die Spargelstücke eine weitere Minute mit dem Honig anbraten, damit sie rundherum einen schönen Glanz bekommen. Spargel mit Salz und Pfeffer würzen.

5. Rosmarin abspülen und trocken tupfen. Einige Nadeln von dem Stängel zupfen und die Nadeln klein schneiden (ergibt etwa ½ Teelöffel). Die Spargelstücke mit Salz, Pfeffer und den klein geschnittenen Rosmarinnadeln abschmecken und sofort servieren. Nach Belieben mit restlichem Rosmarinstängel garnieren.

Zubereitungszeit: 25 Minuten

Pro Portion:
E: 7 g, F: 25 g, Kh: 24 g, kJ: 1467, kcal: 351, BE: 1,5

Dazu passt:
Frisches Ciabatta- oder Bauernbrot.

Tipp:
Bei dieser Zubereitung bleibt der Spargel sehr knackig. Wenn Sie ihn etwas weicher mögen, kochen Sie den weißen Spargel etwa 6 Minuten und den grünen Spargel etwa 3 Minuten vor.

25 Minuten

Zutaten:

375–500 g	grüner Spargel
etwa 375 ml	Wasser
2 Prisen	Salz
1 Prise	Zucker
evtl. 1 TL	frisch gepresster Zitronensaft
50 g	Butter
25 g	ger. Parmesan

Klassisch

Spargel mit Parmesan

1. Den Backofen vorheizen.
   Ober-/Unterhitze: etwa 220 °C
   Heißluft: etwa 200 °C

2. Vom grünen Spargel das untere Drittel dünn schälen und die unteren Enden abschneiden. Spargelstangen abspülen und abtropfen lassen.

3. Wasser mit Salz, Zucker, evtl. Zitronensaft und 10 g von der Butter in einem breiten flachen Topf zum Kochen bringen. Spargelstangen hinzufügen, zum Kochen bringen und zugedeckt 8–12 Minuten (je nach Dicke der Stangen) garen.

4. In der Zwischenzeit die restliche Butter in einem kleinen Topf zerlassen und beiseitestellen.

5. Die Spargelstangen mit einer Schaumkelle herausnehmen, abtropfen lassen und auf einen feuerfesten Teller oder eine Platte legen. Die zerlassene Butter auf den Spargelstangen verteilen. Mit Parmesan bestreuen. Den Teller oder die Platte auf dem Rost in den vorgeheizten Backofen schieben. Den Spargel etwa 5 Minuten überbacken.

Zubereitungszeit: 25 Minuten
Überbackzeit: etwa 5 Minuten

Pro Portion:
E: 16 g, F: 42 g, Kh: 8 g, kJ: 2009, kcal: 481, BE: 0,0

Dazu passt:
Ofenfrisches Baguette.

Tipps:
Wer eine Mikrowelle hat, kann die Butter auch in der Mikrowelle zerlassen. Dafür die Butter (Raumtemperatur) in eine Tasse geben. Tasse bei 450 Watt 40 Sekunden in die Mikrowelle stellen. Butter nicht bei höherer Wattleistung schmelzen lassen, weil sonst die Butter zu spritzen beginnt! Wer mag, serviert zum Spargel zusätzlich rohen Schinken, Kochschinken, Räucherlachs und (Petersilien-)Salzkartoffeln. Dann die Spargelmenge auf 300–400 g reduzieren.

Zutaten:

1	Zwiebel
½	Knoblauchzehe
100 g	braune Champignons
100 g	weiße Champignons
1 EL	Olivenöl
½ TL	Weizenmehl
50 g	Schlagsahne
20 g	Rucola (Rauke)
	Salz
	gem. Pfeffer

Champignongemüse mit Rucola

1. Zwiebel und Knoblauch abziehen. Zwiebel in Spalten und Knoblauch in dünne Scheiben schneiden. Beide Champignonsorten putzen, evtl. kurz abspülen, trocken tupfen und je nach Größe halbieren oder in Viertel schneiden.

2. Olivenöl in einer großen Pfanne erhitzen. Zwiebelspalten und Knoblauchscheiben darin kurz glasig andünsten. Die Champignons hinzufügen und unter gelegentlichem Rühren mitdünsten lassen.

3. Mehl darüberstreuen und kurz mit andünsten. Sahne unterrühren. Die Champignons zugedeckt etwa 5 Minuten bei mittlerer Hitze in der Sahne kochen lassen.

4. In der Zwischenzeit Rucola putzen und die dicken Stiele entfernen. Rucola abspülen, trocken tupfen oder trocken schleudern. Rucola klein schneiden.

5. Das Champignongemüse mit Salz und Pfeffer abschmecken. Rucola unterheben und sofort servieren.

Zubereitungszeit: 25 Minuten

Pro Portion:
E: 10 g, F: 26 g, Kh: 7 g, kJ: 1258, kcal: 301, BE: 0,5

Dazu passt:
Als Vorspeise Toastbrot oder das Gemüse als Beilage zu kurz gebratenem Fleisch genießen. Für einen fleischlosen Snack Kartoffelpuffer, –rösti oder Semmelknödel (alles Fertigprodukte) dazureichen.

Tipps:
Wenn Sie das Rezept verdoppeln und 1–2 Scheiben ofenfrisches Baguette dazu servieren, haben Sie im Nu ein vegetarisches Hauptgericht. Dekorativ sieht es aus, wenn Sie für dieses Rezept weiße und braune Champignons verwenden. Sie können aber auch eine Sorte Pilze verwenden. Champignons gibt es lose oder verpackt (200 g oder 250 g) zu kaufen. Im Kühlschrank halten die Champignons wenige Tage. Evtl. Champignonreste in Scheiben schneiden und unter Blattsalate mischen. Kleine Mengen Rucola kauft man am besten frisch auf dem Markt oder in großen Supermärkten ein. Ansonsten gibt es Rucola abgepackt zu kaufen. Rucola zusätzlich unter gemischte Blattsalate geben; Rucola gibt den Salaten eine kräftig-scharfe Note.

Variante:
Für **Champignons mit Gemüse** (für 1 Person) statt Rucola 1 Möhre (etwa 150 g) oder 1–2 Stangen Staudensellerie verwenden. Möhre putzen, schälen, abspülen und abtropfen lassen. Möhre in feine Streifen schneiden. Staudensellerie putzen und die harten Außenfäden abziehen. Sellerie abspülen, abtropfen lassen, in dünne Scheiben schneiden. Möhrenstreifen oder Staudenselleriescheiben kurz mit den Champignons andünsten, Mehl darüberstäuben und mitdünsten lassen. Sahne hinzugießen und das Gemüse wie unter Punkt 3 beschrieben fertig garen.

Zutaten:

5	quadratische Scheiben TK-Blätterteig (etwa 225 g)
etwa 150 g	gegartes gemischtes Gemüse, z. B. Weißkohl, Erbsen, Bohnen, Keimlinge, Tomate
	evtl. Salz
	gem. Pfeffer

Zum Bestreichen:

	Schlagsahne, Kondensmilch oder etwas Eigelb

Variante:

Blätterteigdreiecke mit Mozzarella und Tomate (für 1 Person). Hierfür statt Frühstücksspeck und gegartem, gemischtem Gemüse 60 g abgetropften Mozzarella und 60 g stückige Tomaten (aus der Dose, etwa 2 ½ Esslöffel) verwenden. 5 TK-Blätterteigquadrate nach Packungsanleitung auftauen lassen. Den Backofen wie angegeben vorheizen. 1 Ei trennen. Eiweiß verschlagen und die Ränder der Blätterteigquadrate damit bestreichen. Mozzarella in 5 dünne Scheiben schneiden und jeweils 1 Scheibe in die Mitte der Blätterteigquadrate legen. Tomatenstücke mit Salz, gemahlenem Pfeffer und 1–2 Prisen gerebeltem Oregano abschmecken. Tomatenmasse auf den Mozzarellascheiben verteilen. Die belegten Teigscheiben jeweils zu einem Dreieck zusammenfalten und die Teigränder am besten mithilfe einer Kuchengabel gut zusammendrücken. Die Teigdreiecke auf ein Backblech (mit Backpapier belegt) legen. Eigelb mit 1 Esslöffel Milch verschlagen. Die Teigdreiecke auf der Oberfläche damit bestreichen. Das Backblech in den vorgeheizten Backofen schieben. Die Blätterteigdreiecke **etwa 20 Minuten backen.**

Gemüseplätzchen

1. Die Blätterteigscheiben nebeneinander legen und nach Packungsanleitung auftauen lassen.

2. Den Backofen vorheizen.
   Ober-/Unterhitze: etwa 200 °C
   Heißluft: etwa 180 °C

3. Einen Teller (oder eine andere runde Form), der etwas kleiner als ein Blätterteigquadrat ist, jeweils auf die aufgetauten Teigscheiben legen. Mit einem Teigrädchen oder einem spitzen Messer entlangfahren und so runde Blätterteigkreise ausschneiden.

4. Die Ränder der Blätterteigkreise mit kaltem Wasser bestreichen. Jeweils etwas von dem Gemüse in die Mitte geben. Das Gemüse mit Salz und Pfeffer bestreuen. Die Teigkreise je zur Hälfte zusammenklappen und die Teigränder am besten mit einer Kuchengabel gut zusammendrücken.

5. Die Teigplätzchen auf ein Backblech (mit Backpapier belegt) legen. Die Teigoberfläche mit etwas Sahne, Kondensmilch oder verschlagenem Eigelb bestreichen. Das Backblech in den vorgeheizten Backofen schieben. Die Gemüseplätzchen **etwa 20 Minuten backen.**

Zubereitungszeit: 20 Minuten, ohne Auftauzeit
Backzeit: etwa 20 Minuten

Pro Portion:
E: 19 g, F: 48 g, Kh: 75 g, kJ: 3371, kcal: 806, BE: 1,0

Tipps:

Als Hauptmahlzeit sind 5 Plätzchen ausreichend. Als kleiner Snack für zwischendurch reichen 3 Stück. Die Plätzchen schmecken abgekühlt auch sehr gut. Gemüsereste der letzten 2–3 Tage passen ideal für die Füllung. Wenn es schnell gehen soll und Sie keine Reste von dem Blätterteig haben möchten, dann jeweils etwas von dem Gemüse in die Mitte der aufgetauten Blätterteigquadrate geben. Die Teigscheiben zu Dreiecken zusammenfalten und die Teigränder am besten mithilfe einer Kuchengabel (die zuvor in etwas Mehl getaucht wurde) gut zusammendrücken. Weiter wie im Rezept beschrieben. Für dieses Rezept am besten die quadratischen Blätterteigscheiben verwenden.

Zutaten:

1 große	festkochende Kartoffel, z.B. Linda
½	Zucchini
	Salz
	gem. Pfeffer

Für den Spinatsalat:

125 g	junger Blattspinat
2 dünne	Frühlingszwiebeln
6	Cocktailtomaten
1 EL	Zitronensaft
2 EL	Olivenöl
2 EL	Olivenöl zum Braten
2 EL	Hummus (Kichererbsenpüree)

Vegan

Kartoffel-Zucchini-Puffer mit Spinatsalat und Hummus

1. Die Kartoffel schälen, abspülen, abtropfen lassen und auf einer Haushaltsreibe grob reiben. Die Zucchini abspülen, abtrocknen und die Enden abschneiden. Zucchini ebenfalls reiben. Kartoffel- und Zucchiniraspel mit Salz und Pfeffer würzen.

2. Für den Salat den Blattspinat putzen, dicke Stiele entfernen. Spinat gründlich waschen, abtropfen lassen und trocken schleudern. Die Frühlingszwiebeln putzen, abspülen, abtropfen lassen und in feine Scheiben schneiden. Die Cocktailtomaten abspülen, trocken tupfen, halbieren und evtl. die Stängelansätze herausschneiden.

3. Zitronensaft mit Salz und Pfeffer verrühren, Olivenöl unterschlagen.

4. Olivenöl in einer Pfanne erhitzen. Den Teig in 3 Portionen in die Pfanne geben und etwas flach drücken. Die Puffer bei mittlerer Hitze von beiden Seiten goldbraun braten, herausnehmen und auf Küchenpapier abtropfen lassen.

5. Den Blattspinat mit den Frühlingszwiebelscheiben, den Tomatenhälften und dem Dressing vermischen. Die Kartoffel-Zucchini-Puffer mit dem Spinatsalat und dem Hummus anrichten.

Zubereitungszeit: 30 Minuten

Pro Portion:
E: 12 g, F: 46 g, Kh: 42 g, kJ: 2673, kcal: 638, BE: 2,5

Zutaten:

250 g kleine	festkochende Kartoffeln
je 1 kleiner Stängel	Rosmarin und Thymian (ersatz-weise je 1 Prise getrockneter Ros-marin und gerebelter Thymian)
1½ EL	Olivenöl
½ TL	grobes Meersalz
	gem. Pfeffer
50 g	Cocktailtomaten (etwa 4 Stück)

Außerdem:

	Fett für die Form

Kartoffelecken mit Kräutern

1. Den Backofen vorheizen.
   Ober-/Unterhitze: etwa 200 °C
   Heißluft: etwa 180 °C

2. Kartoffeln unter fließendem kalten Wasser gründlich abbürsten und trocken tupfen. Kartoffeln längs in Spalten schneiden.

3. Rosmarin und Thymian abspülen und trocken tupfen. Die Nadeln bzw. Blättchen von den Stängeln zupfen. Kartoffelspalten mit Rosmarinnadeln und Thymianblättchen (oder den getrockneten Kräutern) in eine kleine Auflaufform (gefettet) geben. 1 Esslöffel des Olivenöls untermischen, mit Salz und Pfeffer würzen.

4. Die Form auf dem Rost in den vorgeheizten Backofen schieben. Die Kartoffelspalten **etwa 40 Minuten garen.**

5. In der Zwischenzeit Tomaten abspülen, trocken tupfen, Stängelansätze herausschneiden. Tomaten mit dem restlichen Olivenöl beträufeln, nach etwa 20 Minuten Garzeit zu den Kartoffelecken geben und mitgaren lassen. Während der Garzeit die Kartoffelecken mehrmals in der Form wenden. Kartoffelecken sollen goldgelb und knusprig sein.

Zubereitungszeit: 15 Minuten
Garzeit: etwa 40 Minuten

Pro Portion:
E: 6 g, F: 19 g, Kh: 38 g, kJ: 1494, kcal: 356, BE: 3,0

Dazu passen:
Zaziki (aus dem Kühlregal) und ein frischer Salat.

Variante:
Für **Kartoffelecken mit Zucchini, Möhre und Tomate** (für 1 Person) zusätzlich 1 kleine Zucchini abspülen, abtrocknen, die Enden abschneiden. Zucchini (etwa 125 g) in etwa 5 cm lange Stücke schneiden. 1 Möhre (etwa 100 g) putzen, schälen, abspülen, abtropfen lassen. Möhre in etwa 5 cm lange Stücke schneiden. Zucchini- und Möhrenstücke mit 100 g Cocktailtomaten (etwa 8 Stück) zu den Kartoffelspalten in die Form geben, etwa 20 Minuten mitgaren lassen.

Zutaten:

etwa 200 g	Kohlrabi
1 kleine	Zwiebel
15 g	Butter
1 Msp.	gerebelter Majoran
	Salz
	gem. Pfeffer
50 ml	Gemüsebrühe

Für die gebackenen Käsewürfel:

100 g	Gouda oder Edamer (am Stück)
1	Ei (Größe S)
2 EL	Semmelbrösel
etwa 40 g	Butterschmalz
1 TL	frisch gehackte Petersilie oder TK-Petersilie

Raffiniert – schnell

Gebackene Käsewürfel auf Kohlrabiragout

1. Von dem Kohlrabi die Blätter entfernen. Die zarten Blätter abspülen, trocken tupfen, in feine Streifen schneiden und zum Garnieren beiseitelegen. Kohlrabi schälen, abspülen, abtropfen lassen und in etwa 1 cm große Würfel schneiden.

2. Zwiebel abziehen und klein würfeln. Butter in einem Topf zerlassen. Die Zwiebelwürfel darin glasig dünsten. Kohlrabiwürfel mit Majoran, Salz und Pfeffer hinzufügen, unter Rühren kurz mitdünsten lassen. Brühe hinzugießen und zum Kochen bringen. Kohlrabiragout zugedeckt etwa 10 Minuten unter gelegentlichem Rühren bei schwacher Hitze dünsten.

3. Für die Käsewürfel in der Zwischenzeit Käse in etwa 2 cm große Würfel schneiden. Ei in einem tiefen Teller verschlagen. Semmelbrösel ebenfalls in einen tiefen Teller geben.

4. Die Käsewürfel zunächst durch das verschlagene Ei ziehen, am Tellerrand abstreifen und dann in den Semmelbröseln wenden. Panade leicht andrücken.

5. Butterschmalz in einer großen Pfanne erhitzen. Käsewürfel darin von allen Seiten bei mittlerer Hitze goldgelb braten. Käsewürfel herausnehmen und auf Küchenpapier abtropfen lassen.

6. Das Kohlrabiragout auf einem Teller anrichten. Mit Petersilie und beiseitegelegten Kohlrabiblattstreifen garnieren. Die gebackenen Käsewürfel auf dem Kohlrabiragout verteilen.

Zubereitungszeit: 30 Minuten
Garzeit: Kohlrabiragout etwa 10 Minuten

Pro Portion:
Pro Portion: E: 32 g, F: 55 g, Kh: 23 g, kJ: 3023, kcal: 722, BE: 1,5

Zutaten:

300 g	Baby-Auberginen
	Meersalz

Für die Marinade:

2	Knoblauchzehen
1	rote Chili
2 EL	Olivenöl
1 EL	Rosmarinnadeln

Für den orientalischen Joghurt:

1	Bio-Limette (unbehandelt, ungewachst)
100 g	Joghurt (3,5 % Fett)
1 TL	Ras el-Hanout (Marokkanische Gewürzmischung)
30 g	Rucola (Rauke)
2 EL	Granatapfelkerne
evtl. 1 Stängel	Rosmarin

Würziger Genuss
Baby-Auberginen aus dem Ofen mit orientalischem Joghurt

1. Die Auberginen abspülen, abtrocknen und die Enden abschneiden. Auberginen längs halbieren. Die Schnittflächen mehrmals mit einer Gabel einstechen und mit Salz bestreuen. Auberginenhälften etwa 15 Minuten stehen lassen.

2. Den Backofen vorheizen.
   Ober-/Unterhitze: etwa 220 °C
   Heißluft: etwa 200 °C

3. Anschließend die Auberginenhälften abspülen, trocken tupfen und in eine kleine Auflaufform oder feuerfeste Form legen.

4. Für die Marinade Knoblauch abziehen und durch eine Knoblauchpresse drücken. Chili abspülen, trocken tupfen, entstielen und in Ringe schneiden. Olivenöl mit Knoblauch, Rosmarinnadeln und Chiliringen verrühren. Die Marinade mit den Auberginenhälften vermischen. Die Form auf dem Rost in den vorgeheizten Backofen schieben. Die Auberginen **etwa 25 Minuten backen.**

5. Für den Joghurt die Limette heiß abwaschen, abtrocknen und die Schale abreiben. Limette halbieren und den Saft auspressen. Den Joghurt anschließend mit Ras el-Hanout, Salz, Limettenschale und -saft abschmecken.

6. Rucola putzen und die harten Stiele abschneiden. Rucola abspülen und trocken tupfen.

7. Die Auberginen aus der Form nehmen und auf Küchenpapier abtropfen lassen.

8. Auberginen auf einer Platte anrichten, mit Granatapfelkernen und Rucola bestreuen. Nach Belieben mit 1 abgespülten, trocken getupften Rosmarinstängel garnieren und mit dem orientalischem Joghurt servieren.

Zubereitungszeit: 35 Minuten, ohne Ziehzeit
Backzeit: etwa 25 Minuten

Pro Portion:
E: 9 g, F: 15 g, Kh: 21 g, kJ: 1130, kcal: 269, BE: 1,5

Zutaten:

1	Hühnchenbrust ohne Haut und Knochen (etwa 175 g)
1	Knoblauchzehe
10 g	frischer Ingwer
½	Bio-Limette (unbehandelt, ungewachst)
¼–½	frische rote Chilischote
1 EL	Limettensaft
2 EL	flüssiger Honig
2 EL	Speiseöl, z. B. Olivenöl
50 g	Rice Noodles (Nudeln, 5 mm breit)
etwa 500 ml	kochendes Wasser
½	rote Paprikaschote (etwa 100 g)
100 g	Ananasfruchtfleisch (vorbereitet gewogen)
½	rote Zwiebel
10 g	Erdnusskerne, geröstet und gesalzen
	Salz
1 Stängel	Basilikum oder Koriander

Raffiniert

Spicy Chicken auf Rice Noodles

1. Hühnchenbrust kurz unter fließendem kalten Wasser abspülen, trocken tupfen und quer in dünne Scheiben schneiden. Knoblauch abziehen. Ingwer schälen. Knoblauch und Ingwer in sehr kleine Würfel schneiden. Limette heiß abwaschen, abtrocknen, halbieren und von einer Hälfte die Schale fein abreiben. Von der Limette den Saft auspressen und einen Esslöffel Saft abmessen. Chilischote abspülen, trocken tupfen und entstielen. Chili fein hacken.

2. Hühnchenfleischscheiben mit Knoblauch-, Ingwerwürfeln, Limettenschale, -saft, Chili, Honig und 1 Esslöffel des Olivenöls in einer Schale vermischen und bis zum Anbraten durchziehen lassen.

3. Die Nudeln in eine große Schüssel geben, mit kochendem Wasser übergießen und kurz umrühren. Die Schüssel mit einem Deckel verschließen und etwa 20 Minuten gar ziehen lassen. Anschließend die Nudeln in ein Sieb geben und gut abtropfen lassen.

4. Paprikaschotenhälfte entstielen, entkernen und die weißen Scheidewände entfernen. Schotenhälfte abspülen, abtropfen lassen und in sehr feine Streifen schneiden. Ananas in schmale Stücke schneiden. Zwiebelhälfte abziehen und in feine Spalten schneiden. Die Erdnusskerne grob zerkleinern.

5. Restliches Olivenöl in einem Wok erhitzen. Paprika, Ananas und Zwiebeln darin unter Wenden bei sehr starker Hitze kurz knusprig garen. Die Nudeln untermischen, mit Salz würzen.

6. Eine beschichtete Pfanne erhitzen. Das durchgezogene Hühnchenfleisch darin 2–3 Minuten unter Wenden garen, bis es leicht anfängt zu karamellisieren.

7. Kräuter abspülen, trocken tupfen. Die Blättchen von den Stängeln zupfen, Blättchen grob zerschneiden. Das Hühnchenfleisch mit den Nudeln auf einem Teller anrichten. Mit den Kräuterstreifen bestreuen. Gehackte Erdnusskerne dazureichen.

Zubereitungszeit: 40 Minuten, ohne Durchziehzeit
Garzeit Nudeln: etwa 20 Minuten
Garzeit Hühnchenfleisch: 2–3 Minuten

Pro Portion:
E: 50 g, F: 27 g, Kh: 91 g, kJ: 3377, kcal: 807, BE: 7,0

Zutaten:

300 g	Tomaten
etwa 60 g	abgetropfter Mozzarella
1 l	Wasser
1 gestr. TL	Salz
100 g	Spaghetti
½	Knoblauchzehe
1 EL	Olivenöl
	Salz
	gem. Pfeffer
	Zucker
3–4 Stängel	Basilikum

Einfach

Spaghetti mit Mozzarella und Tomate

1. Tomaten kreuzweise einschneiden und mit kochendem Wasser übergießen. Nach 1–2 Minuten herausnehmen und mit kaltem Wasser abschrecken. Tomaten häuten, halbieren und die Stängelansätze herausschneiden. Tomaten in kleine Stücke schneiden. Mozzarella in sehr kleine Würfel schneiden.

2. Wasser in einem Topf zugedeckt zum Kochen bringen. Dann Salz und Spaghetti hinzugeben. Die Spaghetti im geöffneten Topf bei mittlerer Hitze nach Packungsanleitung bissfest kochen, dabei gelegentlich umrühren.

3. In der Zwischenzeit Knoblauch abziehen und in kleine Würfel schneiden. ½ Esslöffel Olivenöl in einem Topf erhitzen. Knoblauchwürfel darin andünsten. Tomatenstücke und Mozzarellawürfel hinzufügen, unter gelegentlichem Rühren 3–4 Minuten mit andünsten. Tomaten-Mozzarella-Sauce mit Salz, Pfeffer und Zucker würzen.

4. Die garen Spaghetti in ein Sieb geben, mit heißem Wasser abspülen und abtropfen lassen.

5. Basilikum abspülen und trocken tupfen. Die Blättchen von den Stängeln zupfen. Blättchen (3–4 Blättchen beiseitelegen) in Streifen schneiden.

6. Spaghetti in dem restlichen Olivenöl schwenken und in eine große Schüssel geben. Tomaten-Mozzarella-Sauce mit den Basilikumstreifen unter die Spaghetti mischen. Mit den beiseitegelegten Basilikumblättchen garnieren und servieren.

Zubereitungszeit: 35 Minuten

Pro Portion:
E: 26 g, F: 24 g, Kh: 79 g, kJ: 2680, kcal: 640, BE: 6,0

Dazu passt:
Feldsalat oder anderer grüner Blattsalat.

Zutaten:

½	Zwiebel
½	Knoblauchzehe
1 kleine	Möhre
1 kleine Stange	Staudensellerie
1	Zucchini (etwa 200 g)
1	Tomate
1 EL	Olivenöl
2 EL (etwa 25 ml)	Rotwein
75 g	passierte Tomaten (Tetrapak)
½ TL	gehackter oder gerebelter Majoran oder Oregano (frisch oder getrocknet)
1 l	Wasser
1 gestr. TL	Salz
100 g	Spaghetti
	Salz
	gem. Pfeffer
1 EL	ger. Parmesan

Beliebt – einfach – mit Alkohol

Spaghetti mit Gemüse-Bolognese

1. Zwiebelhälfte und Knoblauch abziehen, klein würfeln. Möhre putzen, schälen, Staudensellerie putzen und die harten Außenfäden abziehen. Möhre und Sellerie abspülen, abtropfen lassen und in kleine Würfel schneiden.

2. Zucchini und Tomate abspülen und abtrocknen. Die Enden der Zucchini abschneiden, Zucchini in sehr kleine Würfel schneiden. Tomate vierteln, entkernen und den Stängelansatz herausschneiden. Tomate ebenfalls in sehr kleine Würfel schneiden.

3. Olivenöl in einer Pfanne erhitzen. Die Zwiebel- und Knoblauchwürfel darin bei mittlerer Hitze glasig dünsten. Möhren- und Selleriewürfel hinzugeben und 3–4 Minuten mit andünsten. Die Zucchini- und Tomatenwürfel hinzufügen, kurz mitdünsten lassen, dann den Rotwein unterrühren.

4. Passierte Tomaten und Kräuter hinzugeben, zugedeckt bei schwacher Hitze 10–15 Minuten unter gelegentlichem Rühren kochen lassen, bis das Gemüse weich ist.

5. In der Zwischenzeit Wasser in einem Topf zugedeckt zum Kochen bringen. Dann Salz und Spaghetti hinzugeben. Die Spaghetti im geöffneten Topf bei mittlerer Hitze nach Packungsanleitung bissfest kochen, dabei gelegentlich umrühren. Anschließend die Spaghetti in ein Sieb geben, mit heißem Wasser abspülen und abtropfen lassen.

6. Die Gemüse-Bolognese mit Salz und Pfeffer abschmecken und mit den Spaghetti auf einem Teller anrichten. Mit Parmesan bestreuen.

Zubereitungszeit: 30 Minuten

Pro Portion:
E: 24 g, F: 18 g, Kh: 86 g, kJ: 2600, kcal: 621, BE: 6,0

Zutaten:

100 g	Champignons (möglichst kleine)
50 g	Zuckerschoten
1 TL	Butter oder Butterschmalz
	Salz
	gem. Pfeffer
2–3 EL	
(etwa 25 ml)	Gemüsebrühe
1 l	Wasser
1 gestr. TL	Salz
80–100 g	Bandnudeln
1 EL	Crème fraîche
1 EL	gemischte gehackte Kräuter (ersatzweise TK-Kräuter)

Pasta mit feinem Gemüse in Kräuter-Rahm-Sauce

1. Champignons putzen, evtl. kurz abspülen und gut abtropfen lassen. Champignons in Scheiben schneiden. Von den Zuckerschoten die Enden abschneiden, evtl. abfädeln. Schoten abspülen, abtropfen lassen und evtl. quer halbieren.

2. Butter oder Butterschmalz in einer beschichteten Pfanne zerlassen. Champignonscheiben und Zuckerschoten hinzugeben, unter Rühren etwa 5 Minuten andünsten. Das Gemüse mit Salz und Pfeffer würzen, Brühe hinzugießen und das Gemüse nochmals erhitzen.

3. In der Zwischenzeit Wasser in einem großen Topf zugedeckt zum Kochen bringen. Dann Salz und Nudeln hinzugeben. Die Nudeln im geöffneten Topf bei mittlerer Hitze nach Packungsanleitung bissfest kochen, dabei gelegentlich umrühren.

4. Anschließend die Nudeln in ein Sieb geben, mit heißem Wasser abspülen und abtropfen lassen.

5. Crème fraîche unter das Gemüse rühren und bei schwacher Hitze erwärmen. Die Nudeln und Kräuter untermischen und auf einem Teller anrichten.

Zubereitungszeit: 30 Minuten

Pro Portion:
E: 18 g, F: 14 g, Kh: 68 g, kJ: 1987, kcal: 476, BE: 5,5

Zutaten:

etwa 175 g	grüner Spargel
1 l	Wasser
1 gestr. TL	Salz
100 g	Tagliatelle (dünne Bandnudeln)
1 kleine	Zwiebel
½	Knoblauchzehe
1 ½ EL	Olivenöl
2–3	abgetropfte, getrocknete Tomaten in Öl (etwa 15 g)
1 EL	Pinienkerne (10 g)
2 Stängel	Basilikum
	Salz
	gem. Pfeffer
25 g	frisch gehobelter Parmesan

Beliebt – zum Dahinschmelzen

Tagliatelle mit Spargel

1. Vom grünen Spargel das untere Drittel dünn schälen und die unteren Enden abschneiden. Spargelstangen abspülen, abtropfen lassen und in etwa 3 cm lange Stücke schneiden.

2. Wasser in einem Topf zugedeckt zum Kochen bringen. Dann Salz und Nudeln hinzugeben. Die Nudeln im geöffneten Topf bei mittlerer Hitze nach Packungsanleitung bissfest kochen, dabei gelegentlich umrühren.

3. In der Zwischenzeit Zwiebel und Knoblauch abziehen, in kleine Würfel schneiden. Olivenöl in einer Pfanne erhitzen, Knoblauch- und Zwiebelwürfel darin glasig dünsten. Spargelstücke hinzufügen und bei mittlerer Hitze etwa 3 Minuten unter gelegentlichem Rühren mitbraten lassen.

4. Tomaten in Streifen schneiden. Tomatenstreifen mit den Pinienkernen unter die Spargelstücke rühren. Basilikum abspülen und trocken tupfen. Die Blättchen von den Stängeln zupfen. Blättchen (2 Blättchen beiseitelegen) klein schneiden und unterrühren. Spargelgemüse mit Salz und Pfeffer würzen.

5. Die garen Nudeln in ein Sieb geben, mit heißem Wasser abspülen und abtropfen lassen.

6. Die Nudeln auf einem Teller anrichten. Spargelgemüse darauf verteilen und mit gehobeltem Parmesan bestreuen. Mit den beiseitegelegten Basilikumblättern garnieren.

Zubereitungszeit: 25 Minuten

Pro Portion:
E: 28 g, F: 33 g, Kh: 79 g, kJ: 3049, kcal: 729, BE: 6,0

Für die Nudeln:

1 l	Wasser
1 gestr. TL	Salz
80–100 g	dünne grüne Bandnudeln

Für die Sauce:

1	Tomate
50 g	geräucherter Lachs (in Scheiben)
½	Knoblauchzehe
5	schwarze Oliven
1 EL	Olivenöl
50 g	Schlagsahne
	Salz
	gem. Pfeffer
1 Msp.	gerebelter Estragon

Nach Belieben:

einige	Lachsstreifen
	schwarze Oliven
1 Stängel	Estragon

Verblüffend einfach

Bandnudeln mit Lachs und Tomate

1. Für die Nudeln Wasser in einem Topf zugedeckt zum Kochen bringen. Dann Salz und Nudeln hinzugeben. Die Nudeln im geöffneten Topf bei mittlerer Hitze nach Packungsanleitung bissfest kochen, dabei gelegentlich umrühren.

2. In der Zwischenzeit für die Sauce Tomaten kreuzweise einschneiden und mit kochendem Wasser übergießen. Nach 1–2 Minuten herausnehmen und mit kaltem Wasser abschrecken. Tomaten häuten, halbieren und die Stängelansätze herausschneiden. Tomaten in Spalten schneiden.

3. Lachsscheiben in etwa 1 cm schmale Streifen schneiden. Knoblauch abziehen. Oliven evtl. entsteinen. Knoblauch und Oliven in kleine Würfel schneiden.

4. Olivenöl in einer Pfanne erhitzen. Knoblauchwürfel darin goldgelb dünsten. Lachsstreifen und Olivenwürfel hinzufügen und vorsichtig unterrühren.

5. Sahne mit den Tomatenspalten hinzufügen. Die Zutaten vorsichtig bei schwacher Hitze unter gelegentlichem Rühren erwärmen. Die Sauce mit Salz, Pfeffer und Estragon würzen.

6. Die garen Nudeln in ein Sieb geben, mit heißem Wasser abspülen und abtropfen lassen.

7. Die Nudeln in eine Schüssel geben und mit der Sauce vermengen. Nach Belieben mit zusätzlichen Lachsstreifen, Oliven und einem abgespülten, trocken getupften Estragonstängel garnieren. Sofort servieren.

Zubereitungszeit: 25 Minuten

Pro Portion:
E: 23 g, F: 40 g, Kh: 66 g, kJ: 3056, kcal: 730, BE: 5,5

Tipps:
Pro Person rechnet man zum Kochen 80–100 g rohe Nudeln. Ist der Appetit sehr groß, auf jeden Fall 100 g Nudeln pro Person einplanen. Wird eine sehr sättigende Sauce dazu serviert, reichen meist auch 80 g Nudeln pro Person.

Zutaten:

1 l	Wasser
1 gestr. TL	Salz
80–100 g	bunte Nudeln, z. B Spirelli
½	rote Paprikaschote
½	grüne Paprikaschote
1	Ei (Größe M)
2 EL	Milch
	Salz
	gem. Pfeffer
	Paprikapulver edelsüß
1 EL	Speiseöl, z. B. Sonnenblumenöl

Preiswert – macht richtig satt

Bunte Nudel-Ei-Pfanne mit Paprika

1. Wasser in einem Topf zugedeckt zum Kochen bringen. Dann Salz und Nudeln hinzugeben. Die Nudeln im geöffneten Topf bei mittlerer Hitze nach Packungsanleitung bissfest kochen, dabei gelegentlich umrühren.

2. In der Zwischenzeit Paprikahälften entstielen, entkernen und die weißen Scheidewände entfernen. Die Schotenhälften abspülen, abtropfen lassen und in dünne Streifen schneiden. Ei mit Milch verschlagen, mit Salz, Pfeffer und Paprika würzen.

3. Speiseöl in einer beschichteten Pfanne erhitzen. Die Paprikastreifen darin etwa 3 Minuten unter Rühren dünsten.

4. Die garen Nudeln in ein Sieb geben, mit heißem Wasser abspülen, abtropfen lassen, zu den Paprikastreifen in die Pfanne geben und unterrühren. Die Eimilch darauf verteilen. Die Nudel-Ei-Pfanne bei schwacher Hitze einige Minuten stocken lassen und anschließend sofort servieren.

Zubereitungszeit: 30 Minuten

Pro Portion:
E: 21 g, F: 20 g, Kh: 70 g, kJ: 2315, kcal: 553, BE: 5,0

Dazu passt:
Tomatenketchup oder eine fertige Tomatensauce aus der Packung.

Variante:
Bunte Nudelpfanne mit Brokkoli (für 1 Person). Hierfür statt Paprikaschotenhälften etwa 200 g Brokkoli verwenden. Vom Brokkoli die Blätter entfernen, den Stiel abschneiden. Brokkoli in Röschen teilen, abspülen, abtropfen lassen und in wenig kochendem Wasser etwa 2 Minuten dünsten. Brokkoliröschen abgießen und gut abtropfen lassen. Weiter wie ab Rezeptpunkt 3 beschrieben zubereiten.

Zutaten:

50 ml	frisch gepresster Orangensaft
1 TL	Himbeeressig
2 EL	Olivenöl
	gem. Meersalz
	gem. weißer Pfeffer
50 g	Kräuterblättchen, z. B. Kerbel, Dill, Pimpinelle, Basilikum, Petersilie
1	Schalotte
300 ml	gute Hühnerbrühe (evtl. aus gekörnter Bio-Brühe)
50 g	Schlagsahne
75 g	Risottoreis, z. B. Carnaroli
150 g	Lachsfilet ohne Haut und Gräten
je 1 TL	fein abgeriebene Schale von 1 Bio-Orange, -Zitrone und -Limette (jeweils unbehandelt, ungewachst)

Zitrusrisotto mit Lachs

1. Zwei Esslöffel des Orangensaftes mit Himbeeressig und 1 Teelöffel des Olivenöls verrühren. Mit Salz und etwas Pfeffer verrühren. Vinaigrette beiseitestellen. Die Kräuterblättchen bzw. Dillspitzen abspülen, trocken tupfen und in den Kühlschrank stellen.

2. Schalotte abziehen und in kleine Würfel schneiden. Brühe mit der Sahne in einem Topf erhitzen. 1 Esslöffel des restlichen Olivenöls in einem weiteren Topf erhitzen. Schalottenwürfel darin bei mittlerer Hitze kräftig andünsten. Reis hinzugeben und kurz glasig weiß andünsten. Mit restlichem Orangensaft ablöschen und ganz einkochen lassen. ⅛ der heißen Sahnebrühe hinzugeben und kochen lassen, mit Salz würzen.

3. Das Risotto in 18–20 Minuten al dente garen, dabei nach und nach die restliche Sahnebrühe hinzugießen und sehr häufig umrühren.

4. Lachsfilet kurz unter fließendem kalten Wasser abspülen, trocken tupfen und mit Salz würzen. Restliches Olivenöl in einer beschichteten Pfanne erhitzen. Lachsfilet von jeder Seite etwa 1 Minute bei mittlerer Hitze braten. Die Pfanne von der Kochstelle nehmen und mit einem Deckel verschließen. Lachsfilet darin 3–4 Minuten nachziehen lassen.

5. Die kalt gestellten Kräuterblättchen mit der beiseitegestellten Vinaigrette marinieren. Orangen-, Zitronen- und Limettenschale unter das Risotto rühren und anrichten. Lachsfilet nach Belieben etwas zerzupfen und mit den marinierten Kräuterblättchen auf dem Risotto verteilen.

Zubereitungszeit: 45 Minuten
Garzeit Risotto: 18–20 Minuten
Garzeit Lachsfilet: 5–6 Minuten

Pro Portion:
E: 37 g, F: 42 g, Kh: 71 g, kJ: 3421, kcal: 818, BE: 5,5

Zutaten:

50–60 g	Langkornreis (Parboiled)
	Salzwasser
¼	grüne Paprikaschote
¼	rote Paprikaschote
1 EL	Olivenöl
	Salz
	gem. Pfeffer
	Paprikapulver edelsüß

Einfach zuzubereiten

Paprikareis (im Foto vorne)

1. Langkornreis in kochendem Salzwasser nach Packungsanleitung etwa 15 Minuten garen.

2. In der Zwischenzeit Paprikaviertel entstielen, entkernen und die weißen Scheidewände entfernen. Paprikaviertel abspülen, abtropfen lassen und in kleine Würfel schneiden.

3. Olivenöl in einem Topf erhitzen. Die Paprikawürfel darin 3–5 Minuten bei mittlerer Hitze unter gelegentlichem Rühren dünsten. Das Paprikagemüse mit Salz, Pfeffer und Paprika würzen.

4. Den gegarten Reis evtl. abgießen. Paprikawürfel unter den Reis mischen. Paprikareis nochmals mit den Gewürzen abschmecken.

Zubereitungszeit: 25 Minuten

Pro Portion:
E: 5 g, F: 11 g, Kh: 47 g, kJ: 1278, kcal: 305, BE: 3,5

Zutaten:

½	kleine Zwiebel
½–1 EL	Speiseöl
50–60 g	Naturreis
100 ml	Gemüsebrühe
100 g	stückige Tomaten (aus der Dose)
	Paprikapulver edelsüß
	gem. Pfeffer
2 Stängel	Basilikum

Raffiniert

Basilikum-Tomaten-Reis
(im Foto oben)

1. Zwiebel abziehen und in kleine Würfel schneiden. Speiseöl in einem Topf erhitzen, Zwiebelwürfel darin glasig dünsten. Reis hinzugeben und unter Rühren kurz mit andünsten.

2. Brühe und Tomatenstücke hinzugeben, mit Paprika und Pfeffer würzen. Die Zutaten zum Kochen bringen. Den Reis zugedeckt bei schwacher Hitze etwa 30 Minuten garen.

3. Basilikum abspülen, trocken tupfen. Blättchen von den Stängeln zupfen. Blättchen (3–5 Blättchen beiseitelegen) klein schneiden, unter den Tomatenreis heben. Mit beiseitegelegtem Basilikum garnieren.

Zubereitungszeit: 45 Minuten
Garzeit: etwa 30 Minuten

Pro Portion:
E: 6 g, F: 9 g, Kh: 45 g, kJ: 1208, kcal: 288, BE: 3,5

Zutaten:

50–60 g	Naturreis
etwa 125 ml	Salzwasser
1 kleines Stück	Putenbrustfilet (100–125 g)
½ kleine	Zwiebel
½	Knoblauchzehe
200 g	Brokkoli
1	Fleischtomate
1 gestr. TL	gehobelte Mandeln
½ EL	Speiseöl, z. B. Olivenöl
	Salz
	gem. Pfeffer
50 ml (5–6 EL)	Gemüsebrühe
1 EL	saure Sahne
1–2 Stängel	Basilikum

Vollwertig – raffiniert

Brokkoli-Reis-Pfanne mit Putenbrust

1. Reis mit Salzwasser in einen Topf geben und zum Kochen bringen. Den Reis nach Packungsanleitung etwa 25 Minuten garen.

2. In der Zwischenzeit Putenbrustfilet kurz unter fließendem kalten Wasser abspülen, mit Küchenpapier trocken tupfen und in Streifen schneiden. Zwiebel und Knoblauch abziehen, klein würfeln.

3. Brokkoli putzen, abspülen, abtropfen lassen und in Röschen teilen. Die dicken Stiele schälen und klein schneiden. Tomate abspülen, trocken tupfen, vierteln und den Stängelansatz herausschneiden. Tomatenspalten nach Belieben entkernen und in Würfel schneiden.

4. Mandeln in einer Pfanne ohne Fett unter Rühren goldbraun rösten, herausnehmen und auf einem Teller erkalten lassen. Speiseöl in der Pfanne erhitzen. Die Fleischstreifen darin von allen Seiten bei mittlerer Hitze etwa 4 Minuten braten. Die Fleischstreifen mit Salz und Pfeffer würzen und aus der Pfanne nehmen.

5. Zwiebel- und Knoblauchwürfel in dem verbliebenen Bratfett glasig dünsten. Brokkoli (Röschen und klein geschnittene Stiele) hinzugeben, kurz mit andünsten. Brühe hinzugießen. Brokkoli zugedeckt bei schwacher Hitze 4–5 Minuten dünsten.

6. Den gegarten Reis evtl. abgießen. Reis, Fleischstreifen und Tomatenwürfel vorsichtig unter den Brokkoli heben. Die Zutaten bei schwacher Hitze etwa 3 Minuten erhitzen. Anschließend mit Salz und Pfeffer abschmecken.

7. Saure Sahne glatt rühren, mit etwas Salz und Pfeffer abschmecken. Basilikum abspülen und trocken tupfen. Die Blättchen von den Stängeln zupfen. Basilikum (1–2 Blättchen beiseitelegen) in feine Streifen schneiden und unter die Basilikumsahne rühren.

8. Die Brokkoli-Reis-Pfanne mit den gerösteten Mandeln, saurer Sahne und den beiseitegelegten Basilikumblättchen anrichten.

Zubereitungszeit: 30 Minuten

Pro Portion:
E: 39 g, F: 13 g, Kh: 52 g, kJ: 2048, kcal: 488, BE: 3,5

Zutaten:

1 l	Wasser
1 gestr. TL	Salz
80–100 g	Penne
1 kleines	Hüftsteak (etwa 150 g)
1 EL	Olivenöl
½	rote Zwiebel
50 g	Zuckerschoten
50 g	Babyspinat
4	Cocktailtomaten
125 ml	Gemüsebrühe
1 EL	Sojasauce
2 EL	Schlagsahne
1 TL	Speisestärke
	Salz
	gem. Pfeffer
1–2 EL	gehobelter Parmesan

Raffiniert

Penne mit Steakstreifen und Gemüse (Titelrezept)

1. Wasser in einem Topf zugedeckt zum Kochen bringen. Dann Salz und Nudeln hinzugeben. Die Nudeln im geöffneten Topf bei mittlerer Hitze nach Packungsanleitung bissfest kochen, dabei gelegentlich umrühren.

2. In der Zwischenzeit das Hüftsteak mit Küchenpapier trocken tupfen und in 1–2 cm breite Streifen schneiden. Olivenöl in einer Pfanne erhitzen. Die Fleischstreifen darin bei starker Hitze etwa 2 Minuten von allen Seiten braten, herausnehmen und zugedeckt warm stellen.

3. Zwiebelhälfte abziehen und in Spalten schneiden. Von den Zuckerschoten die Enden abschneiden, evtl. abfädeln. Zuckerschoten abspülen, trocken tupfen und halbieren. Babyspinat verlesen, gründlich waschen und gut abtropfen lassen. Tomaten abspülen, trocken tupfen, halbieren und die Stängelansätze herausschneiden.

4. Zwiebelspalten und Zuckerschoten in dem verbliebenen Bratfett bei mittlerer Hitze anbraten. Babyspinat und Tomatenhälften hinzugeben und weitere 1–2 Minuten garen. Gemüse herausnehmen und zugedeckt warm stellen.

5. Den Bratensaft mit Brühe ablöschen und einmal aufkochen lassen. Sojasauce und Sahne unterrühren. Speisestärke mit 1 Esslöffel kaltem Wasser anrühren, in den Fond rühren und unter Rühren aufkochen lassen.

6. Die garen Nudeln in ein Sieb geben, mit heißem Wasser abspülen und abtropfen lassen.

7. Die Fleischstreifen mit dem herausgetretenen Fleischsaft in die Sauce geben und erwärmen. Das warm gestellte Gemüse untermischen. Mit Salz und Pfeffer abschmecken.

8. Die Nudeln mit den Steakstreifen und dem Gemüse auf einem vorgewärmten Teller anrichten. Mit gehobeltem Parmesan bestreuen.

Zubereitungszeit: 25 Minuten

Pro Portion:
E: 57 g, F: 31 g, Kh: 79 g, kJ: 3459, kcal: 821, BE: 6,5

Zutaten:

150 g	kleine festkochende Kartoffeln
¼ gestr. TL	Salz
½ Bund	Frühlingszwiebeln
etwas	Fett für die Form
75 g	Cocktailtomaten
100 g	Kasseler-Aufschnitt
1½ EL	Joghurt (3,5 % Fett)
50 g	Schlagsahne
1	Ei (Größe M)
	Salz
	gem. Pfeffer
50 g	Havarti-Käse in Scheiben (ersatzweise Tilsiter)

Beliebt

Frühlingszwiebelauflauf mit Kartoffeln

1. Kartoffeln gründlich waschen, knapp mit Wasser bedeckt zum Kochen bringen. Salz hinzugeben. Die Kartoffeln zugedeckt in etwa 20 Minuten gar kochen. Dann Kartoffeln abgießen, mit kaltem Wasser abschrecken, abtropfen lassen, sofort pellen und abkühlen lassen.

2. In der Zwischenzeit Frühlingszwiebeln putzen, abspülen, abtropfen lassen und in etwa 5 cm lange Stücke schneiden.

3. Den Backofen vorheizen.
   Ober-/Unterhitze: etwa 200 °C
   Heißluft: etwa 180 °C

4. Die Kartoffeln mit den Frühlingszwiebelstücken in eine kleine flache Auflaufform (gefettet) geben. Tomaten abspülen, trocken tupfen, je nach Größe halbieren oder vierteln, evtl. die Stängelansätze herausschneiden. Kasseler-Aufschnitt in Stücke schneiden, mit den Tomaten in die Form schichten.

5. Joghurt mit Sahne und Ei verschlagen, mit Salz und Pfeffer würzen. Den Auflauf mit der Joghurtsahne übergießen. Käsescheiben in Streifen schneiden und darauflegen. Die Form auf dem Rost in den vorgeheizten Backofen (unteres Drittel) schieben. Den Auflauf etwa 20 Minuten garen (bis die Eimasse gestockt ist).

Zubereitungszeit: 30 Minuten, ohne Abkühlzeit
Garzeit: etwa 20 Minuten

Pro Portion:
E: 46 g, F: 44 g, Kh: 34 g, kJ: 3257, kcal: 777, BE: 2,0

Dazu passen:
Grüne Blattsalate.

Tipps:
Für den Guss können Sie statt Joghurt die gleiche Menge saure Sahne oder Schmand (Sauerrahm) nehmen. Falls Sie Schmand verwenden, zusätzlich den Guss mit 1 Esslöffel Milch geschmeidig rühren. Noch schneller geht es, wenn Sie übrig gebliebene Salz- oder Pellkartoffeln (vom Vortag) verwenden. Kartoffeln dann in Scheiben schneiden und mit den Frühlingszwiebelstücken in die Form legen. Weiter wie im Rezept beschrieben. Reste von Frühlingszwiebeln in feine Scheiben schneiden und mit Cocktailtomaten unter grüne Blattsalate mischen.

20 Minuten

Zutaten:

75 g	Rinderfilet
1 EL	frisch gepresster Zitronensaft
2 EL	Olivenöl
1 EL	fein gehobelter Parmesan
	Salz
	gem. Pfeffer

Zum Garnieren:

4–5 Blätter	Rucola (Rauke)
2	Zitronenspalten von 1 Bio-Zitrone (unbehandelt, ungewachst)

Carpaccio

1. Das Filet evtl. von Haut und Fett befreien. Filet mit Küchenpapier gut trocken tupfen. Filet in Frischhaltefolie wickeln und im Gefrierschrank leicht anfrieren lassen (je nach Gefrierfach 45–60 Minuten).

2. Anschließend das angefrorene Filetstück in hauchdünne Scheiben schneiden (am besten mit der Aufschnittmaschine, einem elektrischen Messer oder aber mit einem scharfen Messer).

3. Filetscheiben dachziegelartig auf einem großen Teller anrichten. Zitronensaft und Olivenöl auf die Filetscheiben träufeln und mindestens 2 Stunden mit Frischhaltefolie zugedeckt im Kühlschrank durchziehen lassen.

4. Die Filetscheiben mit dem gehobelten Parmesan belegen, alles mit Salz und Pfeffer bestreuen.

5. Zum Garnieren Rucola abspülen und trocken tupfen. Die dicken Stiele entfernen. Carpaccio mit abgewaschenen, abgetrockneten Zitronenspalten und Rucola garniert servieren.

Zubereitungszeit: 20 Minuten, ohne Anfrier- und Durchziehzeit

Pro Portion:
E: 21 g, F: 28 g, Kh: 2 g, kJ: 1461, kcal: 349, BE: 0,0

Dazu passt:
Ciabattabrot.

Tipps:
Statt Rinderfilet für das Carpaccio Kalbsfilet (aus dem Mittelstück) verwenden. Statt Parmesan können Sie auch Grano Padano nehmen. Dieser körnige Hartkäse (wie Parmesan aus Kuhmilch) hat geschmacklich große Ähnlichkeit mit Parmesan.

Variante:
Für **Carpaccio mit Staudensellerie** (für 1 Person) zusätzlich ein 5–6 cm langes Staudenselleriestück (Außenfäden abgezogen) abspülen, trocken tupfen und in ganz feine Würfel schneiden. Das Carpaccio zum Schluss zusätzlich mit den Selleriewürfeln bestreuen.

Kleine Warenkunde:
Carpaccio ist mariniertes rohes Rindfleisch. Hierfür nimmt man das feinste Stück vom Rind: das Filet!

Zutaten:

1	Rinderfiletsteak (etwa 150 g)
½ kleine	Zwiebel oder Schalotte
1 ½ EL	Speiseöl
1 EL	fein gehackte Kräuter, z.B. Basilikum oder Petersilie (ersatzweise TK-Kräuter)
1 Msp.	mittelscharfer Senf
1 Msp.	ger. Meerrettich (aus dem Glas)
½ EL	fettarmer Frischkäse mit Joghurt
75 g	Champignons oder Steinpilze
1 leicht geh. TL	Butter
	Salz
	gem. Pfeffer

Raffiniert – schnell

Filetsteak mit Kräuterfüllung

1. Rinderfiletsteak mit Küchenpapier trocken tupfen. In das Steak von der Seite aus mit einem scharfen Messer eine Tasche schneiden. Zwiebel- oder Schalottenhälfte abziehen, klein Würfeln. ½ Esslöffel des Speiseöls in einer kleinen beschichteten Pfanne erhitzen. Die Zwiebel- oder Schalottenwürfel darin goldgelb andünsten, herausnehmen, in eine kleine Schüssel geben. Kräuter, Senf, Meerrettich und Frischkäse hinzufügen, gut vermischen. Die Kräutermasse in dem Fleischeinschnitt (Tasche) verteilen und darin verstreichen.

2. Pilze putzen, evtl. kurz abspülen und trocken tupfen. Pilze in Scheiben schneiden. Butter in einem kleinen Topf zerlassen. Die Pilzscheiben darin unter gelegentlichem Rühren andünsten, mit Salz und Pfeffer würzen. Die Pilzscheiben herausnehmen und warm stellen.

3. Restliches Speiseöl in der Pfanne erhitzen. Das Filetsteak hineinlegen und von jeder Seite etwa 3 Minuten braten, dabei häufiger mit dem Bratfett begießen, damit das Steak schön saftig bleibt. Das Filetsteak aus der Pfanne nehmen und zugedeckt etwa 5 Minuten ruhen lassen.

4. Das Filetsteak mit den Pilzscheiben anrichten und sofort servieren.

Zubereitungszeit: 25 Minuten

Pro Portion:
E: 36 g, F: 21 g, Kh: 3 g, kJ: 1460, kcal: 349, BE: 0,0

Variante:
Klassisches Filetsteak (für 1 Person). Hierfür das Filetsteak in dem erhitzten Speiseöl etwa 3 Minuten anbraten, das Steak wenden, mit Salz und Pfeffer bestreuen. Steak weitere 3 Minuten braten, dabei öfter mit dem Bratfett begießen. Filetsteak vor dem Servieren etwa 5 Minuten ruhen lassen.

Kleine Warenkunde:
Das Steak sollte nach dem Braten immer noch etwas ruhen, damit sich der Fleischsaft verteilt und das Steak saftig bleibt. Den ausgetretenen Fleischsaft kann man über das Steak geben. Das „Medium"-Steak (etwa 3 Minuten Bratzeit pro Seite) ist besonders beliebt. Hier ist das Steak noch nicht ganz durchgebraten wie beim „Well done"-Steak (5 Minuten), aber auch nicht mehr roh wie beim „Rare"-Steak (1½–2 Minuten).

30 Minuten

Für die Erdnuss-Sauce (ergibt 350–400 ml):

1	Knoblauchzehe
2 EL	Sesamöl
1 TL	rote Currypaste (erhältlich im Asialaden)
250 ml	ungesüßte Kokosmilch
1 Msp.	Kreuzkümmel (Cumin)
1 Msp.	Kurkuma (Gelbwurz)
4 EL	Erdnussbutter
	Salz
	Zucker

Für die Spieße:

1 großes	Hähnchenbrustfilet (etwa 200 g)
½ TL	süßer Senf
¼ TL	gem. Ingwer
	Salz
	gem. Pfeffer
15 g	Butterschmalz
½ EL	frisch gepresster Zitronensaft

Außerdem:

2 lange	Holzspieße (Schaschlikspieße)

Hähnchenspieße mit Erdnuss-Sauce

1. Für die Sauce Knoblauch abziehen und durch eine Knoblauchpresse drücken. Sesamöl in einem Topf leicht erhitzen. Knoblauch und die Currypaste darin andünsten, aber keine Farbe nehmen lassen. Mit Kokosmilch ablöschen, Kreuzkümmel und Kurkuma unterrühren. Die Zutaten aufkochen lassen. Die Erdnussbutter unterrühren. Die Sauce mit je 1 Prise Salz und Zucker abschmecken.

2. In der Zwischenzeit für die Spieße Hähnchenbrustfilet kurz unter fließendem kalten Wasser abspülen, trocken tupfen und in etwa 1 cm dünne Streifen schneiden. Fleischstreifen mit Senf bestreichen, mit Ingwer, Salz und Pfeffer würzen. Die Fleischstreifen wellenförmig auf die Holzspieße stecken.

3. Butterschmalz in einer großen Pfanne erhitzen. Die Spieße darin von allen Seiten goldbraun braten.

4. Die Spieße aus der Pfanne nehmen und mit Zitronensaft beträufeln. 2–3 EL (etwa 50 g) von der Erdnuss-Sauce dazureichen.

Zubereitungszeit: 30 Minuten

Pro Portion:
E: 50 g, F: 18 g, Kh: 3 g, kJ: 1580, kcal: 379, BE: 0,5
(Hähnchenspieße mit 50 g Sauce)

Dazu passt:
Basmatireis, Langkornreis oder Couscous (Packungsanleitung beachten).

Tipps:
Die Holzspieße evtl. in kaltem Wasser einweichen, damit sie aufquellen und nicht splittern. Wenn Sie das Fleisch in ganz dünne Streifen schneiden wollen, das Fleisch vorher 1–1 ½ Stunden in den Gefrierschrank legen. Die restliche Sauce zugedeckt im Kühlschrank aufbewahren und zu Geflügelgerichten und Gegrilltem servieren.

Zutaten:

1	Rinderfilet-, Rump- oder Hüftsteak (150–200 g)
	Salz
	gem. Pfeffer
½–1 TL	eingelegter grüner Pfeffer (in Lake, aus dem Glas)
1 EL	Speiseöl, z. B. Sonnenblumenöl
1 EL	Weinbrand
1½–2 EL	Crème fraîche

Schnell – klassisch – mit Alkohol

Steak mit grüner Pfeffersauce

1. Rinderfilet mit Küchenpapier trocken tupfen. Fleisch leicht flachdrücken, mit Salz und Pfeffer würzen.

2. Grünen Pfeffer in einem kleinen Sieb unter fließendem kalten Wasser abspülen.

3. Speiseöl in einer Pfanne erhitzen. Das Steak hineinlegen und von jeder Seite etwa 3 Minuten braten. Das Steak aus der Pfanne nehmen, auf einen vorgewärmten tiefen Teller legen, mit einem zweiten vorgewärmten Teller abdecken und warm stellen.

4. Weinbrand zu dem Bratensatz in die Pfanne geben und alles einmal aufkochen lassen. Crème fraîche unterrühren. Die Sauce mit Salz und Pfeffer abschmecken. Grünen Pfeffer hinzufügen, die Sauce erhitzen und auf dem Steak verteilen.

Zubereitungszeit: 20 Minuten

Pro Portion:
E: 41 g, F: 31 g, Kh: 2 g, kJ: 1985, kcal: 475, BE: 0,0

Tipps:
Dazu passen gemischter Blattsalat und geröstete Baguettescheiben. Rumpsteak am Fettrand etwas einschneiden, damit es in der Pfanne gleichmäßig braten kann. Statt Weinbrand können Sie auch Rinderfond (aus dem Glas) oder Fleischbrühe verwenden.

Kleine Warenkunde:
Grüner Pfeffer ist von allen Pfeffersorten der mildeste, besitzt aber ein sehr intensives Aroma. Er wird unreif geerntet und in Salzlake konserviert oder getrocknet.

Variante:
Steak mit buntem Pfeffer (für 1 Person). Hierfür den frisch gemahlenen und den eingelegten Pfeffer durch etwa ½ Teelöffel bunte Pfefferkörner ersetzen. Bunte Pfefferkörner in der Pfeffermühle grob mahlen oder mit dem Messerrücken etwas zerdrücken. Rinderfilet salzen und mit etwas von dem bunten Pfeffer bestreuen. Wie im Rezept beschrieben braten und warm stellen. Sauce mit Weinbrand und Crème fraîche zubereiten. Übrigen bunten Pfeffer hinzufügen und alles erhitzen. Die Sauce zum Fleisch servieren.

Zutaten:

50–60 g	Basmatireis
	Salzwasser
½	Zwiebel
½	Knoblauchzehe
1	Putenschnitzel (150–175 g)
½ kleine	Stange Porree (Lauch)
1 ½ EL	Speiseöl, z. B. Rapsöl
1 TL	Currypulver
	Salz
	gem. Pfeffer
100 ml	Hühnerbrühe
Saft von ½	Limette
½	Mango
½ TL	Speisestärke
1 EL	Milch

Putencurry mit Mango

1. Basmatireis in kochendem Salzwasser nach Packungsanleitung 10–12 Minuten garen.

2. In der Zwischenzeit Zwiebelhälfte und Knoblauch abziehen. Zwiebelhälfte in Scheiben schneiden. Knoblauch klein würfeln. Putenschnitzel kurz unter fließendem kalten Wasser abspülen, trocken tupfen und in etwa 2 cm große Würfel schneiden. Porree putzen, längs halbieren, gründlich waschen und abtropfen lassen. Porree in feine Streifen schneiden.

3. Speiseöl in einer Pfanne erhitzen. Die Fleischwürfel darin bei mittlerer bis starker Hitze unter gelegentlichem Rühren kräftig anbraten. Zwiebelscheiben und Knoblauchwürfel hinzufügen, kurz mit anbraten, mit Curry, Salz und Pfeffer würzen. Hühnerbrühe und Limettensaft hinzugießen. Putencurry zum Kochen bringen und zugedeckt bei schwacher Hitze etwa 5 Minuten garen. Dann die Porreestreifen zu dem Putencurry geben und alles noch weitere 2–3 Minuten garen.

4. In der Zwischenzeit das Fruchtfleisch von der Mangohälfte vom Stein schneiden. Das Fruchtfleisch schälen und klein würfeln.

5. Speisestärke mit Milch anrühren, unter das Putencurry rühren und kurz aufkochen. Mangowürfel unterheben und 2–3 Minuten erwärmen. Das Putencurry mit Salz und Pfeffer abschmecken. Den gegarten Reis evtl. abgießen und zum Putencurry servieren.

Zubereitungszeit: 30 Minuten

Pro Portion:
E: 46 g, F: 18 g, Kh: 67 g, kJ: 2638, kcal: 632, BE: 5,5

Dazu passt:
Grüner Blattsalat.

Kleine Warenkunde:
Reife Mango gibt auf Fingerdruck nach. Besonders süß sind die Früchte mit grünbräunlicher Schale, saurer die mit rötlicher Farbe. Der Stein lässt sich schwer lösen, deshalb das Fruchtfleisch rundherum abschneiden. Mango hat einen besonderen Fruchtgeschmack, der zwischen Ananas und Aprikose liegt. Sie ist besonders reich an Vitamin A und C. Unreife Früchte schmecken leicht nach Terpentin. Dann die Frucht zum Nachreifen für einige Zeit in den Kühlschrank legen.

Zutaten:

1	Hähnchenbrustfilet (etwa 150 g)
½ TL	Currypulver
½–1 TL	helle Sojasauce
½–1 TL	Speisestärke
1 kleine	rote Zwiebel
100 g	Champignons
¼	Kantalupe-, Ogen- oder Honigmelone
25 g	roher Schinken (in Scheiben)
½ Bund	Schnittlauch
1–2 EL	Sojaöl
	Salz

Fruchtige Melonen-Hähnchen-Pfanne

1. Hähnchenbrustfilet kurz unter fließendem kalten Wasser abspülen und trocken tupfen. Das Filet in dünne Streifen schneiden, mit Curry, Sojasauce und Speisestärke vermischen.

2. Zwiebel abziehen und in kleine Würfel schneiden. Champignons putzen, evtl. kurz abspülen und trocken tupfen. Champignons in Scheiben schneiden.

3. Melonenstück entkernen und die Schale abschneiden. Vom Melonenfruchtfleisch 100 g abwiegen und in etwa 2 cm große Würfel schneiden. Schinkenscheiben in Streifen schneiden.

4. Schnittlauch abspülen, trocken tupfen und einige Halme zum Garnieren beiseitelegen. Restlichen Schnittlauch in Röllchen schneiden.

5. Sojaöl in einem Wok oder in einer beschichteten Pfanne erhitzen. Die Hähnchenstreifen darin unter gelegentlichem Rühren anbraten. Zwiebelwürfel und Champignonscheiben hinzufügen, unter Rühren bei mittlerer Hitze etwa 5 Minuten mitbraten lassen.

6. Schinkenstreifen und Melonenwürfel ebenfalls in den Wok (Pfanne) geben, vorsichtig unterrühren und kurz erhitzen. Melonen-Hähnchen-Pfanne mit Salz abschmecken und die Schnittlauchröllchen unterheben.

7. Die Melonen-Hähnchen-Pfanne mit den beiseitegelegten Schnittlauchhalmen garniert servieren.

Zubereitungszeit: 25 Minuten

Pro Portion:
E: 46 g, F: 17 g, Kh: 19 g, kJ: 1764, kcal: 422, BE: 1,5

Dazu passen:
Reis oder Glasnudeln.

Tipps:
Frische Melone hält sich zugedeckt einige Tage im Kühlschrank. Die restliche Melone mit Parmaschinken und Grissini-Brotstange als Vorspeise servieren oder zum Dessert reichen.

25 Minuten

Zutaten:

50–60 g	Basmatireis
	Salzwasser
1	rote Paprikaschote (etwa 200 g)
½ Bund	Frühlingszwiebeln
1	Hähnchenbrustfilet (150–175 g)
	Salz
	gem. Pfeffer
1 TL	Currypulver
1½ EL	Speiseöl, z.B. Rapsöl
200 g	süß-saure Sauce (Fertigprodukt)

Bunte Hähnchenpfanne

1. Basmatireis mit Salzwasser in einen Topf geben und zum Kochen bringen. Den Reis nach Packungsanleitung 10–12 Minuten garen.

2. In der Zwischenzeit Paprikaschote halbieren, entstielen, entkernen und die weißen Scheidewände entfernen. Schote abspülen, abtropfen lassen und in Stücke schneiden. Frühlingszwiebeln putzen, abspülen, abtropfen lassen und in etwa 2 cm lange Stücke schneiden.

3. Hähnchenbrustfilet kurz unter fließendem kalten Wasser abspülen, trocken tupfen und in etwa 2 cm große Würfel schneiden. Die Fleischwürfel mit Salz, Pfeffer und Curry würzen.

4. Speiseöl in einer Pfanne erhitzen. Die Fleischwürfel darin bei mittlerer Hitze unter gelegentlichem Rühren braun anbraten.

5. Paprika- und Frühlingszwiebelstücke zu den Fleischwürfeln in die Pfanne geben und unter gelegentlichem Rühren etwa 5 Minuten bei mittlerer Hitze mitdünsten lassen.

6. Die Sauce hinzugießen und unterrühren. Die Hähnchenpfanne zum Kochen bringen und 2–3 Minuten kochen lassen. Den gegarten Reis evtl. abgießen und mit der Hähnchenpfanne servieren.

Zubereitungszeit: 25 Minuten

Pro Portion:
E: 49 g, F: 18 g, Kh: 117 g, kJ: 4237, kcal: 1014, BE: 9,0

Tipps:
Statt Hähnchenbrustfilet können Sie auch die gleiche Menge Putenbrust- oder Schweinefilet verwenden. Es gibt vorgegarten Express-Reis im Beutel (250 g) zu kaufen. Die Reismenge entspricht zwei Portionen und kann nur auf einmal zubereitet werden. Ideal wenn es für 2 Personen schnell gehen muss. Dann die übrigen Zutaten ebenso verdoppeln. Reste von Frühlingszwiebeln für **Frühlingszwiebelquark** (für 1 Person) verwenden. Hierfür ½ Bund Frühlingszwiebeln putzen, abspülen, abtropfen lassen und in feine Scheiben schneiden. 250 g Magerquark mit 4–5 Esslöffeln Milch glatt rühren. Frühlingszwiebelscheiben unterrühren. Den Quark mit Salz und frisch gemahlenem Pfeffer abschmecken. Frühlingszwiebelquark zu Pellkartoffeln reichen. Angebrochene süß-saure Sauce hält sich im Kühlschrank einige Wochen.

Zutaten:

1	Hähnchenbrustfilet (etwa 150 g)
	Salz
	gem. Pfeffer
1 EL	Speiseöl, z. B. Sonnenblumenöl
2–3	Tomatenscheiben
2–3	abgetropfte Mozzarellascheiben
etwas	Paprikapulver edelsüß
einige	Basilikumblättchen

Hähnchenbrust mit Mozzarella überbacken

1. Den Backofengrill vorheizen.

2. Hähnchenbrustfilet kurz unter fließendem kalten Wasser abspülen, trocken tupfen, mit Salz und Pfeffer würzen.

3. Speiseöl in einer kleinen hitzebeständigen Pfanne erhitzen. Hähnchenbrustfilet darin von beiden Seiten etwa 10 Minuten bei mittlerer Hitze braten.

4. Das gebratene Hähnchenbrustfilet abwechselnd mit den Tomaten- und Mozzarellascheiben belegen und unter dem vorgeheizten Backofengrill 5–10 Minuten überbacken, bis der Käse zerläuft.

5. Das überbackene Hähnchenbrustfilet vor dem Servieren mit Paprika bestäuben und mit abgespülten, trocken getupften Basilikumblättchen garnieren.

Zubereitungszeit: 20 Minuten
Überbackzeit: 5–10 Minuten

Pro Portion:
E: 42 g, F: 9 g, Kh: 1 g, kJ: 1077, kcal: 258, BE: 0,0

Dazu passt:
Butterreis, Knoblauchtoast oder ofenfrisches Baguette mit grünem Blattsalat.

Tipps:
Wer keine hitzebeständige Pfanne hat, kann das Filet auch nach dem Anbraten auf einen hitzebeständigen Teller oder in eine kleine Auflaufform legen. Wenn Sie keinen Backofengrill haben, die Pfanne bei Ober-/Unterhitze: etwa 220 °C oder Heißluft: etwa 200 °C auf dem Rost in den vorgeheizten Backofen schieben. Das mit Tomaten- und Mozzarellascheiben belegte Hähnchenbrustfilet 5–10 Minuten überbacken, bis der Käse zerläuft.

30 Minuten

Für das Kartoffelpüree:

175 g	mehligkochende Kartoffeln
	Wasser
	Salz

Für den grünen Spargel:

250 g	grüner Spargel
etwa 125 ml	Wasser
	Zucker
1 EL	frisch gepresster Zitronensaft
1 TL	Butter

Für die Entenbrust:

1	Entenbrust (mit Haut, etwa 300 g)
	gem. Pfeffer
50 ml	trockener Wermut (Aperitifwein, ersatzweise trockener (Sherry)
25 ml (etwa 2½ EL)	heiße Milch (3,5 % Fett)
10 g	Butter
	ger. Muskatnuss

Entenbrust in Wermutsauce

1. Für das Kartoffelpüree die Kartoffeln schälen, abspülen, abtropfen lassen und in kleine Stücke schneiden. Kartoffelstücke knapp mit Wasser bedeckt in einem Topf zum Kochen bringen, 2–3 Prisen Salz hinzugeben. Die Kartoffelstücke in etwa 15 Minuten gar kochen.

2. In der Zwischenzeit von dem Spargel das untere Drittel dünn schälen und die unteren Enden abschneiden. Spargel abspülen und abtropfen lassen. Wasser mit 2 Prisen Salz, 1 Prise Zucker, Zitronensaft und Butter zum Kochen bringen. Spargelstangen hinzufügen, zum Kochen bringen und 10–12 Minuten kochen (je nach Dicke der Stangen).

3. Für die Entenbrust die Entenbrust kurz unter fließendem kalten Wasser abspülen und trocken tupfen, evtl. Sehnen entfernen. Entenbrust von beiden Seiten mit Salz und Pfeffer würzen.

4. Eine Pfanne ohne Fett erhitzen. Die Entenbrust mit der Fettseite nach unten hineinlegen und etwa 6 Minuten braten. Dann die Entenbrust wenden und von der anderen Seite ebenfalls etwa 6 Minuten braten. Entenbrust herausnehmen und warm stellen.

5. Wermut zum Bratensatz in die Pfanne gießen und unter Rühren loskochen. Die Sauce etwas einkochen lassen.

6. Die garen Kartoffelstücke abgießen, sofort durch eine Kartoffelpresse drücken oder mit einem Kartoffelstampfer zerdrücken. Milch und Butter unterrühren. Das Püree mit Salz und Muskat würzen.

7. Die Entenbrust in Scheiben schneiden, mit abgetropftem Spargel und Kartoffelpüree auf einem Teller anrichten und mit der Wermutsauce servieren.

Zubereitungszeit: 30 Minuten

Pro Portion:
E: 62 g, F: 61 g, Kh: 32 g, kJ: 4084, kcal: 975, BE: 2,5

Tipps:

Wenn Sie ganz auf Alkohol verzichten möchten, nehmen Sie stattdessen für die Sauce 4–5 Esslöffel frisch gepressten Orangensaft. Orangensaft ebenfalls etwas einkochen lassen. Nach Belieben 1 Esslöffel Crème fraîche unterrühren, aufkochen und die Sauce mit Salz und Pfeffer abschmecken.

Zutaten:

1 kleine	Gemüsezwiebel (etwa 175 g)
1	Schweinenackensteak (etwa 180 g)
	Salz
	gem. Pfeffer
	Pul Biber (geschrotete Pfeffer-schoten, ersatzweise Paprika-pulver edelsüß)
2 ½ EL	Speiseöl, z. B. Rapsöl
250 g	Bratkartoffeln mit Speck (aus dem Kühlregal)
1 Stängel	Petersilie

Zwiebelsteak mit Bratkartoffeln

1. Gemüsezwiebel abziehen, halbieren und in Scheiben schneiden. Steak mit Küchenpapier trocken tupfen, mit Salz, Pfeffer und Pul Biber würzen. 1 Esslöffel Speiseöl in einer Pfanne erhitzen. Das Steak darin bei mittlerer Hitze von jeder Seite etwa 4 Minuten braten. Das Steak aus der Pfanne nehmen und warm stellen.

2. Restliches Speiseöl in der Pfanne erhitzen. Die Zwiebelscheiben darin unter gelegentlichem Rühren etwa 5 Minuten andünsten. Nach Belieben die Zwiebeln mit Salz, Pfeffer und Pul Biber würzen.

3. In einer zweiten Pfanne die Bratkartoffeln nach Packungsanleitung zubereiten. Petersilie abspülen und trocken tupfen. Die Blättchen von dem Stängel zupfen. Blättchen klein schneiden.

4. Das Steak mit Zwiebeln und Bratkartoffeln auf einem Teller anrichten und mit Petersilie bestreut servieren.

Zubereitungszeit: 30 Minuten

Pro Portion:
E: 46 g, F: 54 g, Kh: 39 g, kJ: 3472, kcal: 830, BE: 2,5

Dazu passt:
Grüner Blattsalat.

Tipps:
Statt Speiseöl können Sie zum Anbraten auch Butterschmalz (etwa 25 g) verwenden.

Für **selbst gemachte Bratkartoffeln** (für 1 Person). Hierfür 250 g festkochende Kartoffeln gründlich waschen, knapp mit Wasser bedeckt zum Kochen bringen, zugedeckt in etwa 20 Minuten gar kochen. Kartoffeln abgießen, mit kaltem Wasser abschrecken, sofort pellen und erkalten lassen. Kartoffeln in Scheiben schneiden. 1 ½ Esslöffel Speiseöl in einer Pfanne erhitzen. Kartoffelscheiben hinzufügen, mit Salz und Pfeffer würzen. Kartoffelscheiben unter gelegentlichem Wenden etwa 15 Minuten goldbraun braten. In der Zwischenzeit 1 kleine Zwiebel abziehen, klein würfeln, zu den Kartoffeln geben, etwa 5 Minuten weiterbraten. Noch schneller geht es, wenn Sie 200 g gekochte Pellkartoffeln vom Vortag verwenden. Wer mag, würfelt zusätzlich 20 g durchwachsenen Speck. Speckwürfel mit den Zwiebeln zu den Kartoffeln geben und 5 Minuten weiterbraten.

25 Minuten

Zutaten:

75 g	Pfifferlinge
½ kleine	Zwiebel
1	abgetropfte Birnenhälfte (aus der Dose)
1 geh. TL	Butter
1	Reh-Medaillon (etwa 120 g)
½–1 EL	Speiseöl
	Salz
	gem. Pfeffer
1 Spalte	Ogen- oder Honigmelone

Reh-Medaillons mit Pfifferlingen und Melone

1. Pfifferlinge putzen und mit Küchenpapier abreiben. Zwiebelhälfte abziehen und in kleine Würfel schneiden. Birnenhälfte in Spalten schneiden und beiseitelegen.

2. Butter in einer beschichteten Pfanne zerlassen. Pfifferlinge und Zwiebelwürfel darin bei mittlerer Hitze unter gelegentlichem Rühren 4–5 Minuten andünsten, herausnehmen und warm stellen.

3. Reh-Medaillon mit Küchenpapier trocken tupfen. Speiseöl in der gesäuberten Pfanne erhitzen. Das Reh-Medaillon darin von jeder Seite 2–3 Minuten bei mittlerer Hitze braten, mit Salz und Pfeffer würzen.

4. Reh-Medaillon auf einem Teller anrichten. Pfifferlinge darauf verteilen. Mit der Melonenspalte und den beiseitegelegten Birnenspalten garniert servieren.

Zubereitungszeit: 25 Minuten

Pro Portion:
E: 27 g, F: 8 g, Kh: 21 g, kJ: 1142, kcal: 273, BE: 1,5

Dazu passt:
Fenchelgemüse und Wildreis.

Tipps:
Wer keine ganze Melone kaufen möchte, nimmt stattdessen eine zweite Birnenhälfte. Übrig gebliebenes Obst zugedeckt in den Kühlschrank stellen und als Zwischenmahlzeit oder Dessert essen.

Kleine Warenkunde:
Pfifferlinge sind fester als viele andere Pilze und sehr lange haltbar, da sie nur langsam austrocknen. Pfifferlinge haben einen milden, leicht pfeffrigen Geschmack und einen würzigen, aprikosenähnlichen Duft. Beim Einkauf darauf achten, dass die Stielenden nicht trocken sind. Da Pfifferlinge sich leicht mit Wasser vollsaugen, sollen sie nach Möglichkeit nur mit Küchenpapier abgerieben werden. Beim Garen ziehen sie reichlich Saft, den man zwischendurch abgießen kann.

Zutaten:

2	doppelte Lammkoteletts (etwa je 120 g)
½	Knoblauchzehe
1 kleiner Stängel	Rosmarin
1–1 ½ EL	Olivenöl
	gem. Pfeffer

Für das Paprikagemüse:

1 kleine	rote Paprikaschote (etwa 150 g)
½	Knoblauchzehe
1 EL	Olivenöl
	Salz
2 kleine Stängel	Rosmarin

Klassisch

Lammkoteletts mit Paprikagemüse

1. Am Vorabend die Lammkoteletts mit Küchenpapier trocken tupfen. Evtl. den Fettrand mehrmals einschneiden. Knoblauch abziehen und durch eine Knoblauchpresse drücken oder klein würfeln. Rosmarin abspülen und trocken tupfen. Die Nadeln von dem Stängel zupfen. Nadeln klein schneiden, mit Olivenöl, Knoblauch und Pfeffer verrühren. Die Lammkoteletts mit dem Gewürzöl bestreichen, in eine flache Schale legen und zugedeckt über Nacht im Kühlschrank marinieren.

2. Am nächsten Tag für das Paprikagemüse Paprikaschote halbieren, entstielen, entkernen und die weißen Scheidewände entfernen. Schote abspülen, abtropfen lassen und in dünne Streifen schneiden. Knoblauch abziehen und klein würfeln.

3. Olivenöl in einer Pfanne erhitzen. Knoblauchwürfel darin kurz andünsten. Paprikastreifen hinzugeben und kurz mitdünsten lassen. Die Paprikastreifen zugedeckt etwa 5 Minuten garen, mit Salz und Pfeffer würzen. Paprikagemüse warm stellen.

4. Die Lammkoteletts aus der Marinade nehmen, dabei Knoblauch und Rosmarin abstreifen (brennt schnell an). Das Marinadenöl in einer Pfanne erhitzen. Die Lammkoteletts darin bei mittlerer Hitze von jeder Seite etwa 3 Minuten braten.

5. Die Lammkoteletts mit Salz würzen, aus der Pfanne nehmen und mit dem Paprikagemüse anrichten. Mit abgespülten, trocken getupften und klein gezupften Rosmarinstängeln garniert servieren.

Zubereitungszeit: 25 Minuten, ohne Marinierzeit

Pro Portion:
E: 38 g, F: 41 g, Kh: 8 g, kJ: 2290, kcal: 547, BE: 0,0

Dazu passen:
Warmes Fladenbrot oder Bratkartoffeln.

Tipp:
Anstelle der roten Paprikaschote grüne Bohnen servieren.

Warenkunde:
Lammfleisch ist dunkelrosa bis rot und gut marmoriert. Lammkoteletts gibt es frisch beim Metzger (evtl. vorbestellen), in griechischen und türkischen Geschäften und tiefgefroren.

Zutaten:

1	Tomate
125–150 g	Kalbsleber
etwa 1 EL	Weizenmehl
1 kleine	Zwiebel
1 ½ EL	Speiseöl
	Salz
	gerebelter Salbei
	gerebelter Majoran
50 g (etwa 5 EL)	Schlagsahne

Klassisch
Kalbsleber mit Zwiebel

1. Tomate kreuzweise einschneiden und mit kochendem Wasser übergießen. Nach 1–2 Minuten herausnehmen und mit kaltem Wasser abschrecken. Tomate häuten, halbieren und den Stängelansatz herausschneiden. Tomate in Stücke schneiden.

2. Die Leber mit Küchenpapier trocken tupfen. Leber von Haut, Sehnen und Röhren befreien. Leber in etwas breitere Streifen schneiden und von beiden Seiten mit Mehl bestäuben. Überschüssiges Mehl leicht abklopfen.

3. Zwiebel abziehen und klein würfeln. ½ Esslöffel des Speiseöls in einer Pfanne erhitzen. Zwiebelwürfel darin anbraten, herausnehmen und beiseitestellen.

4. Restliches Speiseöl in die Pfanne geben und miterhitzen. Die Leberstreifen darin bei mittlerer Hitze etwa 6 Minuten unter mehrmaligem Wenden anbraten. Mit Salz, Salbei und Majoran würzen. Die beiseitegestellten Zwiebelwürfel hinzufügen.

5. Tomatenstücke ebenfalls zu den Leberstreifen geben. Sahne hinzugießen. Die Zutaten unter Rühren einmal aufkochen lassen. Mit Salz, Salbei und Majoran abschmecken und sofort servieren.

Zubereitungszeit: 20 Minuten

Pro Portion:
E: 30 g, F: 37 g, Kh: 16 g, kJ: 2157, kcal: 515, BE: 1,0

Dazu passt:
Risotto mit Erbsen und gehackter Petersilie.

Tipp:
Nach Belieben die Kalbsleber mit etwas frischem Salbei garnieren.

Kleine Warenkunde:
Leber gibt es vom Schwein, Rind und Kalb. Die Sorten unterscheiden sich im Geschmack und in der Beschaffenheit. Kalbsleber ist zarter und milder als Schweineleber und hat die kürzeste Garzeit. Rinderleber ist am kräftigsten im Geschmack und hat eine festere Konsistenz.

Zutaten:

100 g	Cocktailtomaten
1 EL	Olivenöl
	Salz
	gem. Pfeffer
1	Seelachsfilet (etwa 150 g)
1 EL	Olivenöl
2 Scheiben	Pancetta (ital. Bauchspeck, etwa 30 g)
1 TL	Butter
einige	Stängel Basilikum

Seelachsfilet mit Ofentomaten

1. Den Backofen vorheizen.
   Ober-/Unterhitze: etwa 160 °C
   Heißluft: etwa 140 °C

2. Die Tomaten abspülen, abtropfen lassen, halbieren und evtl. die Stängelansätze herausschneiden. Die Tomatenhälften auf einem Backblech (gefettet) verteilen. Tomatenhälften mit Olivenöl beträufeln, mit Salz und Pfeffer würzen. Das Backblech in den vorgeheizten Backofen schieben. Die Tomatenhälften **etwa 15 Minuten garen.**

3. In der Zwischenzeit das Fischfilet kurz unter fließendem kalten Wasser abspülen, trocken tupfen, mit Pfeffer und nur etwas Salz (da der Speck salzig ist) würzen.

4. Olivenöl in einer Pfanne erhitzen. Die Speckscheiben darin kross ausbraten, dann aus der Pfanne nehmen und auf Küchenpapier abtropfen lassen.

5. Butter zum Speckfett in die Pfanne geben. Das Fischfilet darin von jeder Seite etwa 4 Minuten braten.

6. Basilikum abspülen und trocken tupfen. Die Blättchen von den Stängeln zupfen. Das Fischfilet mit den krossen Speckscheiben und den Ofentomaten auf einem vorgewärmten Teller anrichten. Die Tomaten mit Basilikumblättchen bestreuen.

Zubereitungszeit: 25 Minuten

Pro Portion:
E: 35 g, F: 22 g, Kh: 3 g, kJ: 1474, kcal: 352, BE: 0,0

Beilage:
Servieren Sie dazu eine frisch getoastete Scheibe Ciabatta-Brot.

Zutaten:

½ Bund	Suppengrün (Möhre, Sellerie, Porree)
½ kleine	Fenchelknolle
1 kleine	Zwiebel
½	Knoblauchzehe
je 1 Stängel	Petersilie, Basilikum und Dill (ersatzweise ½ EL gemischte TK-Kräuter)
1	Zander- oder Viktoriabarschfilet (etwa 200 g)
	Salz
	gem. Pfeffer
1	Bio-Zitronenscheibe (unbehandelt, ungewachst)
1 EL	Butter

Außerdem:

1 Bogen	(etwa 28 x 40 cm) festes Butterbrotpapier
etwa 30 cm	Küchengarn

Fettarm – leicht mit Pep

Fisch mit Gemüse in der Hülle

1. Suppengrün putzen, abspülen und abtropfen lassen. Das Gemüse in feine Streifen schneiden. Fenchelknolle putzen, abspülen, abtropfen lassen, halbieren und in dünne Scheiben schneiden.

2. Den Backofen vorheizen.
   Ober-/Unterhitze: etwa 220 °C
   Heißluft: etwa 200 °C

3. Zwiebel und Knoblauch abziehen, in kleine Würfel schneiden. Petersilie, Basilikum und Dill abspülen und trocken tupfen. Die Blättchen bzw. Spitzen von den Stängeln zupfen.

4. Zander- oder Viktoriabarschfilet kurz unter fließendem kalten Wasser abspülen und trocken tupfen. Fischfilet mit Salz und Pfeffer würzen.

5. Vorbereitetes Gemüse und Kräuter auf die Mitte des Papierbogens legen. Zander- oder Viktoriabarschfilet und die vorbereitete Zitronenscheibe darauflegen. Butter in Flöckchen daraufsetzen.

6. Küchengarn halbieren. Die beiden langen Seiten des Papierbogens oben zueinander führen und wie eine Ziehharmonika bis zur Butter runter zusammenfalten. Die Enden wie bei einem Bonbon zusammendrehen und mit dem Küchengarn zubinden. Das Fisch-Gemüse-Päckchen auf ein Backblech legen. Das Backblech in den vorgeheizten Backofen schieben. Das Fischfilet mit dem Gemüse **15–20 Minuten garen.**

7. Das Backblech auf einen Rost stellen. Das Fischpäckchen etwa 5 Minuten ruhen lassen, dann auf einen Teller geben. Das Päckchen öffnen und den Fisch sofort servieren.

Zubereitungszeit: 20 Minuten
Garzeit: 15–20 Minuten

Pro Portion:
E: 43 g, F: 19 g, Kh: 14 g, kJ: 1722, kcal: 413, BE: 0,0

Dazu passen:
Salzkartoffeln oder Kartoffelpüree.

Zutaten:

1 mittelgroße	Tomate
1 kleine	Zucchini (etwa 125 g)
etwa 60 g	abgetropfter Mozzarella
	Fett für die Form
	Salz
	gem. Pfeffer
½ EL	Tessiner Gewürzmischung oder getrocknete italienische Kräuter
1 EL	Olivenöl
1 Scheibe	Seelachsfilet (etwa 130 g)
einige Stängel	frisches Basilikum

Einfach

Fisch Caprese

1. Den Backofen vorheizen.
   Ober-/Unterhitze: etwa 200 °C
   Heißluft: etwa 180 °C

2. Tomate abspülen, abtrocknen, halbieren und den Stängelansatz herausschneiden. Tomate in dünne Scheiben schneiden. Zucchini abspülen, abtrocknen und die Enden abschneiden. Zucchini in etwa ½ cm dicke Scheiben schneiden. Mozzarella in 4 Scheiben schneiden.

3. Die Hälfte der Tomaten-, Zucchini- und Mozzarellascheiben dachziegelartig in eine flache Auflaufform (gefettet) oder auf einen feuerfesten Teller schichten. Mit Salz, Pfeffer und der Hälfte der Gewürzmischung bestreuen, mit ½ Esslöffel Olivenöl beträufeln.

4. Fischfilet kurz unter fließendem kalten Wasser abspülen, trocken tupfen, mit Salz und Pfeffer bestreuen, auf die Gemüse-Käse-Mischung legen. Restlichen Tomaten-, Zucchini- und Mozzarellascheiben dachziegelartig darauflegen. Mit Salz, Pfeffer und der restlichen Gewürzmischung bestreuen, mit dem restlichen Olivenöl beträufeln.

5. Die Form ohne Deckel oder den Teller auf dem Rost in den vorgeheizten Backofen schieben. Den Fischauflauf **25–30 Minuten garen.**

6. Basilikum abspülen, trocken tupfen. Blättchen von den Stängeln zupfen. Blättchen klein schneiden, den Fischauflauf damit bestreuen.

Zubereitungszeit: 20 Minuten
Garzeit: 25–30 Minuten

Pro Portion:
E: 38 g, F: 28 g, Kh: 5 g, kJ: 1764, kcal: 421, BE: 0,0

Kleine Warenkunde:

Frische Fischfilets müssen saftig glänzen, glasig schimmern und prall aussehen. Angetrocknete Ränder und Verfärbungen deuten auf alten Fisch. Nehmen Sie frisch gekauftes Fischfilet zu Hause aus der Verpackung, bevor Sie es in den Kühlschrank geben und legen es am besten zwischen zwei Porzellanteller. So bleibt das Fischfilet länger frisch, nimmt nicht den Papiergeschmack an und verliert weniger eigenen Fischsaft. Seelachsfilet weist einen mittleren Fettgehalt auf. Fisch immer sparsam salzen, dann wirken die Fische durch ihren Kaliumgehalt sanft entwässernd. Würzen kann man Fisch auch gut mit Kräutern.

Zutaten:

1 Stück	Seelachsfilet (etwa 180 g)
	Salz
	gem. Pfeffer
½ kleine Stange	Porree (Lauch)
½–1 EL	Speiseöl
1 große	Tomate (etwa 100 g)
2–3 Stängel	glatte Petersilie
½–1 EL	Röstzwiebeln (Fertigprodukt)

Außerdem:

1 Bogen	Alufolie (etwa 20 x 30 cm)

Seelachsfilet, in Folie gegart

1. Seelachsfilet kurz unter fließendem kalten Wasser abspülen und trocken tupfen. Seelachsfilet mit Salz und Pfeffer würzen.

2. Porree putzen, längs halbieren, gründlich waschen, abtropfen lassen und in feine Streifen schneiden. Speiseöl in einem Topf erhitzen. Porreestreifen darin etwa 3 Minuten unter Rühren bei mittlerer Hitze andünsten, mit Salz und Pfeffer würzen.

3. Den Backofen vorheizen.
   Ober-/Unterhitze: etwa 200 °C
   Heißluft: etwa 180 °C

4. Den Bogen Alufolie auf einer Arbeitsfläche ausbreiten. Die Porreestreifen darauf verteilen und das Seelachsfilet darauflegen.

5. Tomate abspülen, abtrocknen, halbieren und den Stängelansatz herausschneiden. Tomate in Würfel schneiden. Petersilie abspülen und trocken tupfen. Die Blättchen von den Stängeln zupfen, Blättchen klein schneiden. Tomatenwürfel mit Petersilie und Röstzwiebeln mischen und auf dem Seelachsfilet verteilen.

6. Den Alufoliebogen fest zu einem Päckchen verschließen, sodass keine Flüssigkeit auslaufen kann und auf ein Backblech legen. Das Backblech in den vorgeheizten Backofen schieben. Seelachsfilet **20–25 Minuten garen.**

7. Das Seelachspäckchen auf einen Teller legen, öffnen und sofort servieren.

Zubereitungszeit: 35 Minuten
Garzeit: 20–25 Minuten

Pro Portion:
E: 35 g, F: 14 g, Kh: 7 g, kJ: 1244, kcal: 296, BE: 0,5

Dazu passen:
Pellkartoffeln.

Zutaten:

1	TK-Seelachsfilet (etwa 150 g)
	etwas Zitronensaft
	Salz
1 gestr. TL	mittelscharfer Senf
1 TL	gehackte TK-Petersilie
1 Scheibe	Gouda (etwa 25 g)
1	abgetropfte kleine Gewürzgurke
1 TL	Butter (5 g)
50 ml	Gemüsebrühe

Für die Sauce:

100 g	stückige Tomaten (aus der Dose)
	Salz
	gem. Pfeffer
	etwas gerebelter Oregano
	etwas Zucker

Außerdem:

2	Holzstäbchen oder Küchengarn

Pikante Fischrouladen in Tomatensauce

1. Seelachsfilet nach Packungsanleitung auftauen lassen.

2. Das Fischfilet kurz unter fließendem kalten Wasser abspülen, trocken tupfen, mit Zitronensaft beträufeln und mit Salz würzen. Das Fischfilet mit der silbrig glänzenden Seite nach unten auf eine Arbeitsfläche legen und dünn mit Senf bestreichen. Petersilie daraufstreuen.

3. Käsescheibe und Gurke in schmale Streifen schneiden, auf dem Fischfilet verteilen. Das Fischfilet vorsichtig von der schmalen Seite her aufrollen und mit zwei Holzstäbchen feststecken oder mit Küchengarn umwickeln.

4. Butter in einer Pfanne zerlassen. Die Fischroulade darin vorsichtig von allen Seiten anbraten. Gemüsebrühe hinzugießen und zum Kochen bringen. Die Fischroulade bei schwacher Hitze etwa 7 Minuten gar ziehen lassen, dabei die Fischroulade einmal vorsichtig wenden.

5. Die gare Fischroulade herausnehmen, auf eine vorgewärmte Platte legen und zugedeckt warm stellen.

6. Für die Sauce den Fischsud in 2–4 Minuten um die Hälfte einkochen lassen. Stückige Tomaten unterrühren, kurz aufkochen. Die Sauce mit Salz, Pfeffer, Oregano und Zucker würzen, noch etwa 3 Minuten kochen lassen. Die Fischroulade mit der Sauce servieren.

Zubereitungszeit: 20 Minuten, ohne Auftauzeit
Garzeit: etwa 10 Minuten

Pro Portion:
E: 36 g, F: 13 g, Kh: 6 g, kJ: 1218, kcal: 290, BE: 0,5

Beilage:
Sehr lecker schmeckt Reis dazu.

Heilbuttwürfel auf Wurzelgemüse

Zutaten:

150 g	Heilbuttfilet (frisch oder TK)
1 kleines Bund	Suppengrün (etwa 200 g, Sellerie, Möhren, Porree)
2 Stängel	Kerbel (ersatzweise gerebelter Kerbel)
100 ml	Fischfond (aus dem Glas) oder Gemüsebrühe
	Salz
	gem. Pfeffer
1 Stängel	Zitronenthymian
20 g	Butter (zimmerwarm)
1 EL	frisch gepresster Zitronensaft

1. Heilbuttfilet (TK-Heilbuttfilet nach Packungsanleitung auftauen), kurz unter fließendem kalten Wasser abspülen, trocken tupfen und in mundgerechte Würfel schneiden.

2. Suppengrün putzen, abspülen und trocken tupfen. Sellerie und Möhren nach Belieben in Würfel, Rauten oder Streifen schneiden. Porree in Streifen schneiden. Kerbel abspülen und trocken tupfen. Die Blättchen von den Stängeln zupfen.

3. Das vorbereitete Gemüse mit Fischfond oder Gemüsebrühe, Salz, Pfeffer und Kerbelblättchen in einem Topf zum Kochen bringen und zugedeckt etwa 10 Minuten bei schwacher Hitze kochen lassen. Heilbuttwürfel auf das Gemüse legen und zugedeckt bei schwacher Hitze 5–8 Minuten gar ziehen lassen. Dabei die Heilbuttwürfel einmal vorsichtig wenden.

4. In der Zwischenzeit Zitronenthymian abspülen und trocken tupfen. Thymian in kleinere Stängel zupfen.

5. Butter mit Zitronensaft verrühren, zum Gemüse geben und vorsichtig unterrühren. Heilbuttwürfel mit dem Wurzelgemüse aus dem Topf nehmen und mit den Zitronenthymianstängeln garniert servieren.

Zubereitungszeit: 30 Minuten, ohne evtl. Auftauzeit

Pro Portion:
E: 33 g, F: 20 g, Kh: 7 g, kJ: 1437, kcal: 344, BE: 0,0

Dazu passen:
Salzkartoffeln.

Tipp:
Wer mag, ersetzt den frisch gepressten Zitronensaft durch 1–2 Esslöffel trockenen Weißwein.

Variante:
Für **Heilbuttwürfel auf TK-Suppengemüse** (für 1 Person) statt frischem Suppengrün etwa 150 g TK-Suppengemüse verwenden (übriges Suppengemüse gleich wieder einfrieren). Das unaufgetaute Suppengemüse ebenso im Fischfond oder in der Gemüsebrühe mit den Gewürzen zugedeckt etwa 10 Minuten bei schwacher Hitze kochen lassen. Weiter wie im Rezept beschrieben verfahren.

Zutaten:

6	geschälte Garnelen (ersatzweise TK-Garnelen, ohne Schwanz)
260 g	abgetropfte Ananasscheiben (aus der Dose)
150 ml	ungesüßte Kokosmilch
etwa 1 TL	rote Currypaste (erhältlich im Asialaden)
	Salz
½ TL	Zucker

Raffiniert

Ananascurry mit Garnelen

1. Garnelen lämgs aufschneiden und entdarmen. (TK-Garnelen nach Packungsanleitung auftauen lassen, evtl. den Darm entfernen). Frische oder TK-Garnelen kurz unter fließendem kalten Wasser abspülen und trocken tupfen.

2. Ananasscheiben in Würfel schneiden und in einen Topf geben. Kokosmilch, Currypaste, Salz und Zucker hinzugeben. Die Zutaten einmal aufkochen lassen.

3. Garnelen in die Curry-Kokosmilch geben und etwa 2 Minuten bei mittlerer Hitze garen lassen. Ananascurry mit Salz und Zucker abschmecken.

Zubereitungszeit: 15 Minuten, ohne evtl. Auftauzeit

Pro Portion:
E: 18 g, F: 28 g, Kh: 60 g, kJ: 2379, kcal: 572, BE: 5,0

Dazu passt:
Langkornreis. Kleine Faustregel für das Garen von Reis: Für 1 Person etwa ½ Tasse Langkornreis (entspricht etwa 60 g) in einen Topf geben. Gut die doppelte Menge kaltes Wasser (1 Tasse = 125 ml) mit 1 gehäuften Messerspitze Instant-Gemüsebrühe oder 1–2 Prisen Salz hinzufügen, zum Kochen bringen. Den Reis zugedeckt bei schwacher Hitze etwa 20 Minuten quellen lassen (Packungsanleitung beachten).

Tipps:
Besonders aromatisch schmeckt das Gericht, wenn Sie frische Ananas verwenden. Hierfür Blatt- und Strunkende von 1 Ananas abschneiden. Ananas schälen, längs vierteln, die holzige Mitte aus dem Fruchtfleisch lösen und das Fruchtfleisch würfeln. Eine sogenannte Baby-Ananas eignet sich ebenso gut für dieses Rezept. Hierfür Blatt- und Strunkende von 1 Baby-Ananas abschneiden. Ananas schälen, vierteln, holzige Mitte entfernen und das Fruchtfleisch würfeln. Übrig gebliebene frische Ananas hält sich im Kühlschrank bis zu 5 Tage. Sie ist für sich ein tolles Dessert. Mit etwas Zucker und einem Schuss Rum schmeckt die Ananas noch besser. Den Saft bei Dosen-Ananas auffangen. Wer es gerne etwas säuerlicher mag, das Curry nach Belieben zusätzlich mit 1–2 Esslöffeln Ananassaft abschmecken (ersatzweise mit 1–2 Teelöffeln frisch gepresstem Limetten- bzw. Zitronensaft).

Zutaten:

2	Matjesfilets (etwa 150 g)
½ kleines	hart gekochtes Ei (Größe S)
1	abgetropfte große Gewürzgurke (etwa 50 g)
1 kleiner	säuerlicher Apfel (etwa 125 g)
½ EL	frisch gepresster Zitronensaft

Für die Salatsauce:

25 g	Salatmayonnaise (aus dem Glas)
½–1 EL	Joghurt (3,5 % Fett)
½–1 EL	Gurkenflüssigkeit (von der Gurke)
	Salz
	gem. Pfeffer
1 Stängel	Dill

Klassisch – würziger Gaumenschmaus

Matjes mit Apfelsalat

1. Matjesfilets kurz unter fließendem kalten Wasser abspülen, trocken tupfen, evtl. noch vorhandene Gräten entfernen.

2. Ei pellen, halbieren (eine Hälfte anderweitig verwenden) und das Eigelb mit einem Löffel herauslösen. Eigelb hacken und beiseitestellen. Eiweiß und die Gewürzgurke in kleine Würfel schneiden. Apfel abwaschen, abtrocknen, vierteln und entkernen. Apfelstücke mit der Schale klein würfeln und mit Zitronensaft beträufeln.

3. Für die Salatsauce die Mayonnaise mit Joghurt glatt rühren. Die Sauce mit Gurkenflüssigkeit, Salz und Pfeffer würzen. Eiweiß-, Gurken- und Apfelwürfel unterrühren.

4. Die Matjesfilets auf einen Teller legen, den Salat daraufgeben und mit dem beiseitegelegten gehackten Eigelb bestreuen. Dill abspülen und trocken tupfen. Die Spitzen von dem Stängel zupfen. Den Apfelsalat mit den Dillspitzen garniert servieren.

Zubereitungszeit: 15 Minuten

Pro Portion:
E: 32 g, F: 40 g, Kh: 16 g, kJ: 2341, kcal: 558, BE: 1,5

Dazu passen:
Frisches Baguette, Pellkartoffeln oder Bratkartoffeln.

Tipps:
Nach Belieben den Salat im Kühlschrank etwa 1 Stunde durchziehen lassen. Für den Fisch-Liebhaber schmeckt Matjes pur am besten. Dafür den Matjes auf eine gebutterte Vollkornscheibe legen und mit einigen Zwiebelringen von einer roten Zwiebel garnieren. Matjes-Saison ist vom 24. Juni bis Oktober.

Variante:
Matjes-Salat mit Roter Bete (für 1 Person). Hierfür statt Apfel, Gewürzgurke und Dill Rote Bete in Scheiben, Kapern (beides aus dem Glas) und Petersilie verwenden. ½ Glas Rote Bete (etwa 110 g) abtropfen lassen. Ei mit dem Eierschneider in Scheiben schneiden. Salatsauce mit Matjesstreifen, Rote-Bete- und Eischeiben vermischen. Alles mit Salz und Pfeffer abschmecken. Je 1 Teelöffel abgetropfte Kapern und gehackte Petersilie untermischen. Salat etwa 1 Stunde in den Kühlschrank stellen.

15 Minuten

Zutaten:

2	Tomaten
2–3 Stängel	Basilikum
75 g	Butterkäse (in 1 cm dicker Scheibe)
	Salz
	gem. Pfeffer
100–125 g	Nordsee-Krabbenfleisch (ohne Schale)

Raffiniert

Tomaten-Krabben-Gratin

1. Den Backofen oder Grill vorheizen.
   Ober-/Unterhitze: etwa 220 °C
   Heißluft: etwa 200 °C

2. Tomaten kreuzweise einschneiden und mit kochendem Wasser übergießen. Nach 1–2 Minuten herausnehmen und mit kaltem Wasser abschrecken. Tomaten häuten, halbieren und die Stängelansätze herausschneiden. Eine Tomatenhälfte in Würfel, die restlichen Tomaten in Scheiben schneiden.

3. Basilikum abspülen und trocken tupfen. Die Blättchen von den Stängeln zupfen. Die Hälfte der Blättchen klein schneiden. Restliche Blättchen zum Garnieren beiseitelegen. Käse in Würfel schneiden.

4. Die Tomatenscheiben in eine flache Auflauf- oder Gratinform (gefettet) legen. Tomatenscheiben mit Salz, Pfeffer und klein geschnittenem Basilikum bestreuen. Das Krabbenfleisch und die Käsewürfel darauf verteilen. Die Form auf dem Rost in den vorgeheizten Backofen schieben. Das Gratin **etwa 5 Minuten überbacken** (oder unter dem heißen Grill bei 220 °C etwa 5 Minuten gratinieren), bis der Käse anfängt zu zerlaufen.

5. Tomaten-Krabben-Gratin aus dem Backofen nehmen, mit Tomatenwürfeln und beiseitegelegten Basilikumblättchen garniert servieren.

Zubereitungszeit: 15 Minuten
Garzeit: etwa 5 Minuten

Pro Portion:
E: 38 g, F: 27 g, Kh: 5 g, kJ: 1787, kcal: 426, BE: 0,0

Dazu passt:
Ofenfrisches Baguette.

Tipps:
Wenn der Hunger sehr groß ist, die Zutaten um jeweils die Hälfte verdoppeln. Butterkäse ist ein milder, halbfester Schnittkäse. Ersatzweise nehmen Sie jungen Gouda. Nordsee-Krabbenfleisch gibt es frisch, abgepackt im Kühlregal, als TK-Ware oder in der Dose zu kaufen. Tiefgekühlte Krabben nach Packungsanleitung auftauen lassen. Sie sollten danach kurz mit kaltem Wasser abgespült und trocken getupft werden.

Zutaten:

3 EL	Hirse
9 EL	Wasser
3	reife Aprikosen
2 EL	flüssiger Löwenzahnhonig (Veganer Sirup aus Zucker und Löwenzahnblüten)
125 g	Soja-Naturjoghurt
Saft von ½	Bio-Zitrone (unbehandelt, ungewachst)
1 Msp.	gem. Zimt
1 TL	Dr. Oetker Bourbon-Vanille-Zucker

Vegan – schnell gemacht

Aprikosen mit Löwenzahnhonig und Hirse

1. Die Hirse mit Wasser in einem Topf zum Kochen bringen und etwa 5 Minuten kochen lassen. Anschließend Hirse auf der ausgeschalteten Kochstelle etwa 15 Minuten ausquellen lassen. Hirse in ein Sieb geben und abtropfen lassen.

2. Die Aprikosen kurz in kochendem Wasser überbrühen, mit kaltem Wasser abschrecken und die Haut abziehen. Die Aprikosen halbieren und entsteinen. Die Aprikosenhälften mit dem Löwenzahnhonig überziehen.

3. Den Joghurt mit etwas Zitronensaft, Zimt und Vanille-Zucker glatt rühren. Die Hirse unterrühren. Die Aprikosen mit der Hirse servieren.

Zubereitungszeit: 20 Minuten

Pro Portion:
E: 10 g, F: 5 g, Kh: 72 g, kJ: 1611, kcal: 385, BE: 6,0

Zutaten:

125 g	frische Himbeeren
1 kleiner Stängel	Minze
etwa ½ TL	Puderzucker
½ EL	frisch gepresster Limetten- oder Zitronensaft
3	Kokos-Zwiebäcke (etwa 30 g)
125 g	Quark mit Vanille-Geschmack (aus dem Kühlregal)
evtl. 1–2 Prisen	Dr. Oetker Finesse Orangenschalen-Aroma

Einfach – süße Sünde

Himbeer-Kokos-Trifle

1. Himbeeren verlesen, evtl. vorsichtig abspülen und trocken tupfen. Minze abspülen und trocken tupfen. Die Blättchen von dem Stängel zupfen. Einige Minzeblättchen zum Garnieren beiseitelegen, restliche Blättchen in feine Streifen schneiden. Himbeeren mit Minzestreifen, Puderzucker und Limetten- oder Zitronensaft mischen.

2. Kokos-Zwiebäcke mit den Händen grob zerbröseln. Quark nach Belieben mit Orangenschalen-Aroma glatt rühren.

3. Himbeeren, Zwiebackbrösel und den Quark abwechselnd in 1 Dessertglas einschichten. Das Trifle etwa 1 Stunde in den Kühlschrank stellen und durchziehen lassen. Zum Servieren das Trifle mit den beiseitegelegten Minzeblättchen garnieren.

Zubereitungszeit: 20 Minuten, ohne Durchziehzeit

Pro Portion:
E: 11 g, F: 10 g, Kh: 46 g, kJ: 1396, kcal: 333, BE: 4,0

Variante:
Himbeer-Trifle mit Amarettini (für 1 Person). Hierfür statt der Kokos-Zwiebäcke etwa 30 g Amarettini (ital. Mandelmakronen) verwenden. Amarettini ebenso zerbröseln. Mit den anderen Zutaten einschichten.

Tipps:
Statt mit Himbeeren schmeckt das Trifle auch gut mit anderen frischen Beeren wie Brombeeren, Erdbeeren, Jostabeeren oder Johannisbeeren. In der kälteren Jahreszeit tiefgefrorene Himbeeren für das Trifle verwenden. TK-Himbeeren dafür nach Packungsanleitung antauen lassen. Wer Kokos-Zwieback nicht mag, nimmt stattdessen normalen Zwieback. Übrig gebliebener Quark hält sich im Kühlschrank einige Tage frisch. Trifle mit Obst servieren (z. B. klein geschnittene Banane, Aprikosenhälften aus der Dose oder aufgetaute TK-Himbeeren). Der Quark schmeckt pur ebenso gut. Sie können statt des Vanillequarks auch einen Quark mit Joghurt selbst zubereiten. Dafür 75 g Magerquark mit 50 g Joghurt (3,5 % Fett) verrühren. 1–1 ½ Teelöffel Puderzucker unterrühren und abschmecken. Falls der Quark zu dickflüssig ist, 1–2 Esslöffel Milch unterrühren.

Zutaten:

150 g	kernlose Weintrauben, z. B. Sultanatraube oder Datteltraube
15 g	Butter
Saft von ½	Zitrone
1–2 TL	Zucker
evtl. 1 Spritzer	Grappa (ital. Tresterbranntwein) oder anderer Obstschnaps

Geschmorte Trauben

1. Weintrauben abspülen, gut trocken tupfen und entstielen (Datteltrauben sind größer als Sultanatrauben und enthalten Kerne.) Datteltrauben halbieren und entkernen.

2. Butter in einer Pfanne zerlassen. Zitronensaft und Zucker hinzufügen, alles kurz aufkochen lassen. Weintrauben hinzufügen und unter gelegentlichem Rühren etwa 3 Minuten bei mittlerer Hitze schmoren. Die geschmorten Trauben nach Belieben mit Grappa abschmecken.

Zubereitungszeit: 10 Minuten

Pro Portion:
E: 1 g, F: 13 g, Kh: 31 g, kJ: 1074, kcal: 257, BE: 2,5

Dazu passt:
Die geschmorten Trauben heiß oder kalt zu Zitronensorbet servieren und evtl. mit Marzipanblättern garnieren (Foto).

Variante:
Wenn Sie die Trauben ohne Zucker schmoren, passen sie gut als Beilage zu Wildsteak oder Wildgerichten.

Kleine Warenkunde:
Von den geernteten Trauben werden weltweit etwa 85 % zu Wein gekeltert, 5 % zu Rosinen getrocknet und 10 % liefern Tafeltrauben. Tafeltrauben werden in gelb bis grün bzw. rötlichblau bis blauschwarz angeboten. Die „dunkleren Trauben" enthalten allgemein im Fruchtfleisch mehr Gerbsäure. Viele Trauben weisen eine natürliche Wachsschicht auf. Der Belag kommt zustande aufgrund des Wechsels zwischen der Luftfeuchtigkeit nachts und der wärmer werdenden Luft am Tage auf den Trauben. Dieser weiße, mehlhaltige „Reif" ist abwischbar.

Zutaten:

1–2	abgetropfte Pfirsichhälften (aus der Dose)
1	Bio-Limette oder Bio-Zitrone (unbehandelt, ungewachst)
125 g	Magerquark
1 ½ –2 EL	Joghurt (3,5 % Fett, 30–40 g)
1 EL	Zucker

Beliebt

Quarkspeise mit Früchten

1. Pfirsichhälften in kleine Stücke schneiden. Limette oder Zitrone heiß abwaschen und abtrocknen. Etwa 1 Messerspitze Limetten- oder Zitronenschale fein abreiben. Limette oder Zitrone halbieren und ½ Esslöffel Saft auspressen. Pfirsichstücke mit abgeriebener Limetten- oder Zitronenschale und dem frisch gepressten Limetten- oder Zitronensaft vermischen.

2. Quark mit Joghurt und Zucker verrühren. Die Hälfte der Quarkmasse in ein Dessertschälchen geben und die Pfirsichmischung daraufschichten. Anschließend die restliche Quarkmasse daraufgeben. Die Quarkspeise etwa 30 Minuten in den Kühlschrank stellen.

Zubereitungszeit: 10 Minuten, ohne Kühlzeit

Pro Portion:
E: 17 g, F: 7 g, Kh: 33 g, kJ: 1177, kcal: 281, BE: 2,5

Tipps:
Nach Belieben können Sie zusätzlich 1 Esslöffel (10 g) Kokosraspel in einer Pfanne ohne Fett unter Rühren goldbraun rösten, herausnehmen und auf einem Teller abkühlen lassen. Kokosraspel auf die Pfirsichmasse streuen. Garnieren Sie die Quarkspeise vor dem Servieren mit abgespülten, trocken getupften Zitronenmelisseblättchen. Ist der Appetit sehr groß, dann 2 Pfirsichhälften verwenden. Anstelle der Pfirsichhälften 3–4 Aprikosenhälften (aus der Dose) nehmen. Übrig gebliebene Pfirsichhälften mit dem Fruchtsaft in eine Schüssel füllen und zugedeckt in den Kühlschrank stellen. Pfirsichhälften schmecken auch pur mit etwas Fruchtsaft oder morgens klein gewürfelt zu einem Müsli mit Milch oder Joghurt. Pfirsich- und Aprikosenhälften gibt es inzwischen auch in kleinen Dosen zu kaufen, sodass wenig Früchte übrig bleiben.

Zutaten:

125 g	frische Erdbeeren
1	reifer Pfirsich
100 g	grüne Weintrauben (möglichst kernlos)
½–1 EL	Zucker (nach Geschmack)
knapp 100 ml	Prosecco

Gut vorzubereiten – mit Alkohol

Obstsalat mit Prosecco

1. Erdbeeren putzen, abspülen, abtropfen lassen und entstielen. Die Erdbeeren je nach Größe halbieren oder vierteln. Den Pfirsich mit heißem Wasser überbrühen, in kaltem Wasser abschrecken, häuten, halbieren und den Stein herauslösen. Pfirsichhälften in Würfel schneiden.

2. Weintrauben abspülen, trocken tupfen, halbieren und evtl. entkernen. Klein geschnittene Erdbeeren, Pfirsichwürfel und halbierte Trauben in ein Dessertglas geben. Zucker nach Geschmack daraufstreuen und mit Prosecco übergießen. Den Obstsalat etwa 1 Stunde in den Kühlschrank stellen.

Zubereitungszeit: etwa 15 Minuten, ohne Kühlzeit

Pro Portion:
E: 3 g, F: 1 g, Kh: 49 g, kJ: 1182, kcal: 283, BE: 4,0

Tipps:
Etwas Mascarpone (ital. Frischkäse) verrühren und mit Zucker abschmecken. Amarettini (ital. Mandelmakraonen) dazureichen. Frische reife Pfirsiche gibt es inzwischen ganzjährig zu kaufen. Hochsaison ist die Zeit von Juni bis September. Wenn es schnell gehen soll, 2 abgetropfte Pfirsichhälften (aus der Dose) verwenden und würfeln. Für den Obstsalat können Sie natürlich Obstsorten Ihrer Wahl verwenden (z.B. Ananas, Aprikose, Banane, Birne, Brombeere, Heidelbeere, Johannisbeere, Mandarine, Mango, Nektarine, Wassermelone).

15 Minuten

Zutaten:

30 g (etwa 3 EL)	Zucker
125 ml	Wasser
100 g	frische Erdbeeren
3 EL	frisch gepresster Zitronensaft

Granita von Erdbeeren

1. Zucker mit Wasser in einem kleinen Topf zum Kochen bringen, bis sich der Zucker vollständig gelöst hat. Zuckerwasser abkühlen lassen.

2. Erdbeeren putzen, abspülen, abtropfen lassen, entstielen und in einen hohen Rührbecher geben. Die Erdbeeren mit einem Pürierstab fein pürieren. Zitronensaft unterrühren. Zuckerwasser hinzufügen und gut unterrühren, sodass eine glatte Masse entsteht.

3. Die Erdbeermasse in eine gefrierfeste Schüssel geben und zugedeckt in den Gefrierschrank stellen. Erdbeerpüree in 1–2 Stunden zu leicht gefrorenem Fruchtsaft anfrieren lassen, dabei die Masse etwa alle 15 Minuten umrühren.

4. Granita vor dem Servieren mit einem Löffel herausschaben und in einem hohen Glas anrichten.

Zubereitungszeit: 15 Minuten, ohne Abkühl- und Gefrierzeit

Pro Portion:
E: 1 g, F: 0 g, Kh: 36 g, kJ: 670, kcal: 160, BE: 3,0

Tipps:
Das Fruchtpüree gut mit dem Zuckerwasser verrühren. Sonst können sich beim Gefrieren Klümpchen bilden, da die Masse nicht einheitlich glatt ist. Wenn die Gefriertemperatur zu hoch ist, kann das Granita von der Konsistenz leicht körnig werden. Dann die Fruchtmasse lieber einmal öfter umrühren und den Gefrierprozess etwas verlängern. Ist die Gefriertemperatur zu niedrig, einmal weniger umrühren.

Variante:
Granita statt mit Erdbeeren mit Himbeeren oder roten Johannisbeeren zubereiten. Hierfür 100 g frische Himbeeren verlesen und nicht abspülen. Himbeeren pürieren und anschließend durch ein Sieb streichen, damit die Kerne entfernt werden. 125 g frische rote Johannisbeeren abspülen und gut abtropfen lassen. Die Beeren von den Rispen streifen. Johannisbeeren ebenso zuerst pürieren, dann durch ein Sieb streichen. Das Fruchtmark (Himbeer- oder Johannisbeermark) mit Zitronensaft und Zuckerwasser gut verrühren und gefrieren lassen.

Kurze Ernährungslehre

Leichter Genuss – optimale Nährstoffversorgung

Eine maßvolle und abwechslungsreiche Ernährung, die eine optimale Versorgung mit Nährstoffen wie Mineralien, Spurenelementen und Vitaminen garantiert, ist sehr wichtig.

Der Energiebedarf von uns Menschen hängt von drei Faktoren ab: Geschlecht, Alter und Art der Tätigkeit. Als Grundsatz gilt: Der Energiebedarf sinkt im Laufe des Alters, der Nährstoffbedarf (an Vitaminen, Fettsäuren usw.) bleibt allerdings konstant. Wichtig und nicht vergessen: Der Energiebedarf sinkt zwischen dem 33. und 55. Lebensjahr um etwa 10%. Zwischen dem 55. und 75. Lebensjahr um 15% und über dem 75. Lebensjahr nochmals um 15%. Deshalb nehmen manche Menschen mit zunehmendem Alter zu, weil sie immer so weiter essen wie sie es in jüngeren Jahren gewohnt waren.

Kalorienspartipps aus der Genussküche

Eine ausgewogene, fettarme Ernährung ist die beste Voraussetzung, um dauerhaft schlank, fit und gesund zu bleiben. Deshalb sollten Sie beim Einkauf, der Zubereitung und dem täglichen Genuss von Lebensmitteln einige Tipps und Tricks zum Kaloriensparen beachten. Setzen Sie auf leichte, aber abwechslungsreiche Rezepte.

So einfach lassen sich Kalorien sparen

- Für das Müsli am Morgen keine Fertigmischungen verwenden, die sind oft mit Zucker „versetzt", sondern selbst ein Müsli aus Vollkornhaferflocken, Rosinen, Nüssen und Obst (frisch oder getrocknet) zusammenstellen.
- (Vollkorn-) Brot macht angenehm satt und hat wenig Fett (bis auf Croissants).
- Sichtbares Fett, z.B. an Schinken, Fleisch oder Geflügel einfach entfernen.
- Da sie die meisten Kalorien liefern: Fett und Öle immer genau abmessen. Kleine Faustregel: 1 Esslöffel Öl und 1 gestrichener Esslöffel Butter (Margarine) = 10 g
- Beim Dämpfen, Grillen und Braten in einer beschichteten Pfanne kann auf zusätzliches Fett verzichtet werden.
- Die Pfanne vor dem Braten mit etwas Öl auspinseln, anstatt das Öl so in die Pfanne gießen (das spart Öl).
- Von Brühen und Saucen stets das Fett abschöpfen, z.B. mit einem speziellen Fettabschöpfer (Haushaltswarenladen). Oder die Gerichte abkühlen lassen und abgesetztes Fett von der Oberfläche entfernen.
- Ein Esslöffel Öl reicht beim Dressing für 2–3 Portionen. Bevorzugen Sie Pflanzenöle (Oliven-, Soja- oder Weizenkeimöl), diese enthalten mehr ungesättigte Fettsäuren und sorgen u.a. für einen stabilen Blutzuckerspiegel.

Ernährungstipps für den Alltag

- Wenn möglich drei feste Mahlzeiten und evtl. zwei Snacks einplanen. Dann baut sich nicht so leicht Heißhunger auf Süßes auf.
- Mineralwasser und Tee (Kräuter/Früchte) in Reichweite aufstellen: So greift man öfter zu, isst weniger und erreicht schneller die 1½–2 Liter Flüssigkeit am Tag.
- Machen Sie mit bei der Kampagne: „5 am Tag". Diese einfache Regel für die gesundheitsbewusste Ernährung heißt: 3 Händevoll Gemüse und 2 Händevoll Obst täglich roh oder gegart essen. Erlaubt ist ebenso ein Glas Obst- bzw. Gemüsesaft als Portion.
- „Eat colours!" oder „Je bunter, desto besser". Das heißt, möglichst die bunte Schale von Obst und Gemüse nach dem Abspülen dran lassen. Hintergrund: In der Schale verbergen sich so genannte sekundäre Pflanzenstoffe. Diese beugen bzw. schützen uns vor Krankheiten und wirken positiv auf das Immunsystem. Voraussetzung: Es wird über Jahre reichlich verzehrt.
- Tiefkühlprodukte können eine Alternative für frische Produkte sein. Sie werden frisch vom Feld geerntet und gleich schockgefrostet, so dass alle Vitamine und Mineralstoffe enthalten bleiben.
- Sparsam mit Salz umgehen – stattdessen mehr mit frischen und getrockneten Kräutern oder dem Saft von Zitrusfrüchten würzen (frisch gepresster Saft von Limette, Orange oder Zitrone).
- Nach Belieben Salz mit Jod und/oder Fluor verwenden.
- Schaffen Sie sich eine angenehme und nette Tischatmosphäre – Das Auge „isst" mit.

Tipps zu Einkauf, Vorrat und Handwerkszeug

Einkauf

Bevor Sie losgehen, erstellen Sie eine Einkaufsliste. Hat den Vorteil, dass Sie nur die Zutaten kaufen, die man benötigt und nichts vergisst. Geben

Sie frischen Produkten den Vorzug.

Kleine Faustregel: Je natürlicher ein Lebensmittel, desto kalorienärmer und gesünder ist es. Je mehr ein Lebensmittel verarbeitet wurde, desto kalorienreicher ist es (Beispiel Kartoffeln. 200 g Salz- oder Pellkartoffeln machen satt und liefern etwa 140 Kalorien. Die gleiche Menge an Reibekuchen hat gut das 2½-fache an Kalorien (etwa 400 Kalorien) und 200 g Kartoffelchips „liefern" rund 1000 Kalorien (knapp das 8-fache).

- Möglichst nicht mit leerem oder knurrendem Magen einkaufen, man packt unbewusst mehr in den Einkaufswagen, als man tatsächlich braucht.
- Regionale, saisonale und frische Lebensmittel bevorzugt einkaufen. Mit den Jahreszeiten aus der Region essen, das spart unnötige Transportkilometer (Klimaschutz).
- Viel frisches Gemüse und Obst verzehren (möglichst aus dem ökologischen Anbau) statt Konserven (Tiefkühlgemüse statt Fertiggericht).
- Mindestens einmal die Woche Seefisch essen (Jodversorgung).
- Bei Fisch und Meerestieren auf die Nachhaltigkeit achten (keine Überfischung der Meere).

Grundvorrat

Frischwaren wie Käse, Wurst, Fleisch oder Fisch werden kurzfristig im Kühlschrank gelagert. Obst und Gemüse können auch in einer Vorratskammer liegen, wenn diese trocken, kühl und frostsicher ist, oder in einem entsprechenden Kellerraum. Längerfristig können Sie frische Lebensmittel in der Tiefkühltruhe bzw. Tiefkühlschrank oder -fach aufbewahren (günstig zur Vorratshaltung bei Sonderangeboten).

Trockenvorräte werden in dichten Vorratsgläsern oder -dosen gelagert, um Verklumpung, Nährstoffverlust oder gar Schimmel und Schädlingsbefall zu vermeiden. Für Trockenvorräte eignet sich ein Küchenschrank oder auch die Vorratskammer. Auch Konservendosen können hier aufbewahrt werden.

Vorratshaltung, wie zur Zeit unserer Großeltern, ist ein wenig aus der Mode gekommen, da man heutzutage fast rund um die Uhr alles einkaufen kann. Ein kleiner Grundvorrat bewährt sich. Ideal, wenn man kurzfristig wegen Krankheit an die Wohnung gebunden ist oder überraschend Besuch vor der Tür steht.

Beim Anlegen eines Vorrats ist immer einzeln zu klären:

- Eigene Verzehrgewohnheiten mit berücksichtigen.
- Lagermöglichkeiten einplanen (Vorratsraum/Speisekammer, Keller, Garage usw.).
- Alternativen suchen zu Kühl- und Gefriergerät (besonders bei Stromausfall).
- Wasservorrat bedenken, bei evtl. Wasserausfall.

Was immer vorrätig sein sollte

Pro Person und Tag: 100–150 g Brot, 150–200 g Kartoffeln, Nudeln und/oder Reis, 400 g Gemüse und/oder Hülsenfrüchte, 250 g Obst, 400–500 g Milch und Milchprodukte, 150 g Fisch, Fleisch und Eier, 30–40 g Öl bzw. Butter/Margarine und 1,5–2 l Getränke.

Dieser Grundvorrat (Durchschnittswerte für einen Erwachsenen am Tag) muss regelmäßig – je nach Haltbarkeit der Lebensmittel – ausgetauscht und ergänzt werden. Dazu eigene Essgewohnheiten mit einplanen wie Dosenmilch, Marmelade, Honig, Kaffee, Tee, Kakaopulver, Gewürze, Kekse, Schokolade, Salzstangen und anderes mehr.

Nicht vergessen, haltbare Vorräte, diese sollten möglichst bis zu zwei Wochen reichen:

1 l H-Milch, 1 kg Mehl, 1 kg Zucker, 500–1000 g Nudeln, 500 g Reis, 250 g Speisestärke, 1 kg Haferflocken oder Müsli. Dazu gehören auch 1–2 Packungen passierte Tomaten, 3–4 verschiedene Gemüsesorten (TK-Ware oder Konserve), 2–3 Fleisch- und Fischportionen (tiefgekühlt und/oder als Konserve), TK-Kräuter.

Mit einem „Vorrat für alle Fälle" kann man bei Überraschungsbesuch schnell ein leckeres kaltes oder warmes Gericht zaubern. Hilfreich sind hier z. B. Mixed Pickles (Gewürzgurken), Dosenobst, abgepackter Käse, Dauer-Wurstwaren wie Würstchen, Fertiggerichte (Fertigsuppen, Ravioli, Kartoffeltrockenprodukte) oder tiefgekühlte Gerichte.

Die passenden Gerätschaften

Zum Kochen benötigt man ein paar wichtige Handwerkszeuge.

Zur Grundausstattung sollten gehören:

- Handwerkszeug wie 1 Brotmesser, 1 kleines und 1 langes Gemüse- bzw. Kochmesser, dazu 1 Schälmesser und/oder Sparschäler, 2–3 mittelgroße Schneidbretter (getrennt für Gemüse und Fleisch bzw. Fisch), 1 Mehrzweck-Küchenreibe, 1–2 Siebe (Durchschläge) zum Abtropfen von Gemüse, Reis oder Nudeln, 1 Salatschleuder, 1 Dosenöffner
- Kochgeschirr mit je 1 kleinen und großen (möglichst beschichtete) Pfanne (plus Deckel), 2–3 Töpfe mit passendem Deckel und 1–2 Auflaufformen (beides in unterschiedlichen Größen)
- Küchengeräte wie Mixer (mit Knethaken und Rührbesen), Pürierstab und Küchenwaage

- Hilfreich sind zudem Wetzstahl (zum Messer nachschärfen), Haushaltsschere, Messbecher, Rührschüssel und -becher, Zitronenpresse, Schöpfkelle, Backpinsel, Topflappen, Salatbesteck, Schneebesen, Rührlöffel, Pfannenwender, Teigschaber und Geschirrtücher
- Teller, Tassen, Gläser und Besteck dürfen nicht fehlen
- Ergänzende Küchenutensilien wie Apfelausstecher, Passierstab, Eierschneider, Knoblauchpresse usw. können Sie nach Belieben nach und nach dazu kaufen.

Messen, wiegen, würzen

Geräte zum Messen und Wiegen

Rezepte können nur dann gelingen, wenn man sich sowohl an die Zutatenmengen, als auch an die Rezeptbeschreibung hält.

Eine Küchenwaage, die sowohl kleine Mengen von 5 Gramm (g) bis große Mengen von 1 oder 2 Kilogramm (kg) anzeigt, ist deshalb unerlässlich für jede Küche. Ein Messbecher ist besonders praktisch für Litermaße bei Flüssigkeiten.

In der Praxis haben sich bei kleinen Mengen (meist unter 20 g) Tee- und Esslöffelangaben bewährt. Allerdings schwanken die Gramm-Angaben ein wenig, da die Größe und das Fassungsvermögen der Löffel unterschiedlich sein kann (das gleiche gilt bei Tassen- und Gläserangaben) – deshalb ggfs. nachwiegen! Bewährt haben sich folgende Maßangaben (Richtwerte):

1 Teelöffel Flüssigkeit = 5 ml
1 Esslöffel Flüssigkeit = 12–15 ml
8 Esslöffel Flüssigkeit = 100–125 ml
$\qquad\qquad$ = knapp (etwa) ⅛ l
$\qquad\qquad$ = 1 Normaltasse (z. T. randvoll)

Für Zutaten in fester oder gemahlener Konsistenz gibt es keine verbindlichen Gramm-Aussagen, da jede Zutat ein unterschiedliches (anderes) Eigengewicht hat. Beispielsweise wiegt 1 gestr. EL Tomatenmark 12 g, dagegen wiegt 1 gestr. EL Semmelbrösel gerade 6 g.

Dosierhinweise: Auf die richtige Menge kommt es an

Bei vielen Gewürzen und Kräutern reichen kleine Mengen, um den Gerichten ein fein-würziges Aroma zu verleihen. Das Würzen und Abschmecken von Gerichten erfordert ein wenig Übung, Geduld und Gespür. Hier finden Sie eine Übersicht zu den üblichen Mengeneinheiten in den Rezepten:

Fingerspitzengefühl ist gefragt

- Um den Eigengeschmack der Rezeptzutaten nicht zu überlagern, sollten Kräuter und Gewürze generell eher sparsam eingesetzt werden. Nachwürzen kann man immer noch.
- Standardgewürze sind Salz und Pfeffer (mit Jodsalz können Sie einem Jodmangel vorbeugen).
- Bei Pfeffer gilt: Weißer Pfeffer ist milder als schwarzer.
- Kräuter und Gewürze sollen den Zutatengeschmack unterstreichen und nicht beherrschen.
- Getrocknete Kräuter sollten dem Gericht frühzeitig beigegeben werden, weil sie – im Gegensatz zu frischen/tiefgefrorenen Kräutern – ein wenig Zeit benötigen, um ihr volles Aroma zu entfalten.
- Besonders am Anfang einer Kochkarriere erst ein paar Fingerspitzen (Prisen) zerriebene oder getrocknete Kräuter und Gewürze unter das Gericht streuen, dann abschmecken, evtl. weitere Kräuter/Gewürze zugeben und erneut abschmecken. Im Laufe der Zeit bekommt man ein Händchen und eine feine Zunge, wie man optimal würzt. Wie überall in der Praxis gilt auch beim Kochen und Abschmecken: Probieren geht über Studieren.
- Tipp: Wer sich ganz unsicher im Abschmecken ist, nimmt 3–4 Esslöffel des Gerichtes auf eine Suppenkelle (oder Teller) und würzt zunächst nur diesen Teil. Gefällt beim Abschmecken die Geschmacksnuance, so fügt man weitere Gewürze dem Gericht zu. Auf Dauer entwickelt man ein Gespür, wie viel Aromen man zugeben kann.
- Generell sparsam mit Salz umgehen. Salz lagert sich in unserem Körper ein und bindet unnötig Wasser. Salz kann außerdem die Ursache für Bluthochdruck sein.
- Statt Salz mit verschiedenen Kräutern würzen (frisch, getrocknet oder tiefgefroren), diese würzen auf natürliche Weise. Kleiner positiver Nebeneffekt: Kräuter und Gewürze verleihen den Rezepten ein besonderes Aroma, sodass zum Teil auf Fett als Geschmacksträger verzichtet werden kann.
- Einige Gewürze (besonders die der orientalischen oder asiatischen Küche) entfalten besser ihr Aroma, wenn man sie vorher kurz in einer kleinen trockenen Pfanne anröstet (auf die Rezeptbeschreibung) achten. Wichtig: Damit die Gewürze danach nicht verbrennen, die Gewürze zum Abkühlen auf einem Teller beiseitelegen.
- Manche Gewürze verbrennen bei zu heißem Fett und werden bitter (z. B. Paprikapulver).
- Einigen Gewürzen und Gewürzmischungen sind Geschmacksverstärker wie Glutamat zugesetzt, ggfs. darüber weiter informieren.

1 Prise	die Menge, die zwischen Daumen und Zeigefinger passt
1 Msp. (Messerspitze)	die Menge, die auf die Spitze eines Messers passt
1 gestr. TL oder EL (gestrichener Tee- oder Esslöffel)	die Menge, die auf Tee- oder Esslöffel (mit einem Messerrücken) glatt gestrichen passt
1 geh. TL oder EL (gehäufter Tee- oder Esslöffel)	die Menge, die maximal auf einen Tee- oder Esslöffel passt

Abkürzungen

EL	= Esslöffel	gem.	= gemahlen
TL	= Teelöffel	ger.	= gerieben
Msp.	= Messerspitze	TK	= Tiefkühlprodukt
Pck.	= Packung/Päckchen	°C	= Grad Celsius
g	= Gramm	Ø	= Durchmesser
kg	= Kilogramm		
ml	= Milliliter		**Kalorien-/ Nährwertangaben**
l	= Liter	E	= Eiweiß
evtl.	= eventuell	F	= Fett
geh.	= gehäuft	Kh	= Kohlenhydrate
gestr.	= gestrichen	kcal	= Kilokalorien
		kJ	= Kilojoule
		BE	= Broteinheiten

Bei den Nährwertangaben in den Rezepten handelt es sich um auf- bzw. abgerundete ganze Werte. Lediglich die Broteinheiten werden in 0,5er-Schritten mit einer Stelle nach dem Komma angegeben.

Aufgrund von ständigen Rohstoffschwankungen und/oder Rezepturveränderungen bei Lebensmitteln kann es zu Abweichungen kommen. Die Nährwertangaben dienen daher lediglich Ihrer Orientierung und eignen sich nur bedingt für die Berechnung eines Diätplans, zum Beispiel bei Krankheiten wie Diabetes.

Bei krankheitsbedingten Diäten richten Sie sich daher bitte nach den Anweisungen Ihres Diätassistenten bzw. Ihres Arztes.

Hinweise zu den Rezepten

Lesen Sie bitte vor der Zubereitung – besser noch vor dem Einkauf – das Rezept einmal vollständig durch. Oft werden Arbeitsabläufe oder -zusammenhänge dann klarer.

Zutatenliste

Die Zutaten sind in der Reihenfolge ihrer Verarbeitung aufgeführt.

Arbeitsschritte

Die Arbeitsschritte sind einzeln hervorgehoben, in der Reihenfolge, in der sie von uns ausprobiert wurden.

Zubereitungszeiten

Die Zubereitungszeit ist ein Anhaltswert für die Dauer der Vorbereitung und die eigentliche Zubereitung. Längere Wartezeiten wie Kühl- oder Abkühlzeiten, Auftau- und Durchziehzeiten sind, sofern parallel keine weitere Tätigkeit erfolgt, nicht in der Zubereitungszeit enthalten. Die Garzeiten werden in der Regel gesondert ausgewiesen.

Backofeneinstellung und Garzeiten

Die in den Rezepten angegebenen Garzeiten sind Richtwerte, die je nach individueller Hitzeleistung Ihres Backofens über- oder unterschritten werden können.

Die Temperaturangaben in diesem Buch beziehen sich auf Elektrobacköfen. Die Temperatureinstellungsmöglichkeiten für Gasbacköfen variieren je nach Hersteller, sodass wir keine allgemeingültigen Angaben machen können. Bitte beachten Sie deshalb bei der Einstellung des Backofens die Gebrauchsanleitung des Herstellers.

Kapitelregister

Alphabetisches Register

Für Fragen, Vorschläge oder Anregungen stehen Ihnen der Verbraucherservice der Dr. Oetker Versuchsküche Telefon: 0 08 00 71 72 73 74 Mo.–Fr. 8:00–18:00 Uhr, Sa. 9:00–15:00 Uhr (gebührenfrei in Deutschland) oder die Mitarbeiter des Dr. Oetker Verlages Telefon: +49 (0) 521 5206 50 Mo.–Fr. 9:00–15:00 Uhr zur Verfügung. Schreiben Sie uns: Dr. Oetker Verlag KG, Am Bach 11, 33602 Bielefeld oder besuchen Sie uns im Internet unter www.oetker-verlag.de, www.facebook.com/Dr. OetkerVerlag oder www.oetker.de.

Umwelthinweis   Dieses Buch und der Einband wurden auf chlorfrei gebleichtem Papier gedruckt. Die Einschrumpffolie – zum Schutz vor Verschmutzung – ist aus umweltfreundlichem und recyclingfähigem PE-Material.

Copyright   © 2012 by Dr. Oetker Verlag KG, Bielefeld

Redaktion   Carola Reich, Annette Riesenberg, Christina Langner

Titelfoto   Thomas Diercks, Hamburg

Innenfotos   Fotostudio Diercks (Thomas Diercks, Kai Boxhammer, Christiane Krüger), Hamburg (S. 8, 11, 14, 17, 18, 20, 22, 23, 24, 26, 29, 31, 34, 39, 41, 45, 48, 49, 50, 51, 56, 61, 66, 67, 69, 73, 74, 75, 78, 80, 92, 96, 99, 106, 114, 118, 119)
Ulli Hartmann, Halle/Westf. (S. 19)
Bela Hoche, Hamburg (S. 4, 9, 12, 13, 42, 44, 47, 55, 64, 68, 77, 81, 84, 87, 88, 95, 102, 103, 109, 110, 113, 117, 120, 121))
Janne Peters, Hamburg (S. 6, 32, 35, 37, 63, 70)
Antje Plewinski, Berlin (S. 58, 59, 65, 83, 86, 100, 105)
Hans-Joachim Schmidt, Hamburg (S. 52)
Norbert Toelle, Bielefeld (S. 36)
Brigitte Wegner, Bielefeld (S. 89, 91)

Nährwertberechnungen   Nutri Service, Hennef

Grafisches Konzept, Satz und Gestaltung   kontur:design, Bielefeld
Titelgestaltung   kontur:design, Bielefeld

Reproduktionen   d&d digital data medien GmbH, Bad Oeynhausen
Druck und Bindung   Druckerei Stürtz, Würzburg

ISBN 978–3–7670–0851–9